„Im Stil von…"

100KLASSISCHEROCK
LICKSFÜRGITARRE

100 Licks für Rockgitarre im Stil der besten Gitarristen der Welt

VONJOSEPHALEXANDER&PETESKLAROFF

FUNDAMENTALCHANGES

100 Klassische Rock Licks für Gitarre

100 Licks für Rockgitarre im Stil der besten Gitarristen der Welt

Veröffentlicht von **www.fundamental-changes.com**

ISBN: 978-1-78933-097-7

www.fundamental-changes.com

Über 10,000 Fans auf Facebook: **FundamentalChangesInGuitar**

Instagram: **FundamentalChanges**

Für über 350 kostenlose Gitarrenstunden mit Videos unter

www.fundamental-changes.com

Copyright des Titelbildes: Shutterstock: FrancescoCorticchia

Mit besonderem Dank an Klaus Pete Henn für die wertvolle redaktionelle Mitarbeit.

Inhalt

Einleitung

„Im Stil von …?" Was bedeutet das?!

Um dieses Buch zu schreiben, haben wir uns ganz in die Musik der einzelnen Künstler vertieft und Stunden damit verbracht, hunderte von Tracks zu hören. Da diese hundert Licks nicht direkt von den Platten transkribiert wurden, sind sie trotzdem so stilsicher, wie wir sie machen können. Jeder der fünf Licks für jeden Künstler ist so konzipiert, dass er seine Herangehensweise an das Solo in ein paar Takten verkörpert.

Die Idee ist, dass ein Angus Young Lick (zum Beispiel) dich dazu bringt, zu sagen: „Ahhhh! Ja, das ist Angus!" Natürlich ist es unmöglich, einen Spieler in nur fünf Beispielen kurz zu beschreiben. Die hier vorgestellten Musiker sind alle sehr talentierte, komplexe Individuen mit einem umfangreichen und tiefgreifenden Vokabular. Ein ganzes Buch könnte jedem einzelnen gewidmet werden … Vielleicht werden wir eines Tages dazu in er Lage sein.

Die hier vorgestellten Phrasen sind ein Ausgangspunkt für dein Kennenlernen der einzelnen Gitarristen. Wenn du alle Beispiele in diesem Buch durcharbeitest und sauber übst, wirst du ein riesiges Arsenal an Rockvokabular aufbauen und auf dem besten Weg sein, deinen eigenen Stil zu entwickeln. Genau wie bei einer Sprache entwickelst du deinen eigenen Wortschatz, indem du die Worte anderer lernst.

Du hast dieses Buch vielleicht als Einstieg zum Spielen von einer Rock Lead-Gitarre gekauft. Wir sind zuversichtlich, dass es dir besonders bei den stilistischen Aspekten jedes einzelnen Gitarristen helfen wird. Der größte Teil des Rockvokabulars basiert auf Pentatonik, aber die Art und Weise, wie jeder Gitarrist jede Phrase persönlich und einzigartig macht, ist wahrscheinlich der größte Aspekt, den dieses Buch dir geben kann.

Die beste Herangehensweise für dich ist, die Soli deiner Lieblingskünstler zu transkribieren. Schalte das Handy aus, schließe Facebook und setze dich einfach mit deiner Gitarre hin, um herauszufinden, welche Licks du liebst. So wie du die Sprache deiner Eltern nachgeahmt hast, wirst du allmählich ein eigenes Vokabular in dem Stil entwickeln, den du magst.

Beim Transkribieren (und wenn du dieses Buch studierst), wähle die Notenbeispiele, die dir am liebsten sind aus und lerne sie Note für Note, genau wie du es als Baby getan hast, als du deine ersten Laute von dir gegeben hast. Und jetzt lade bitte das Audiomaterial für das Buch herunter.

Musik vom Papier zu lesen ist eine Sache, aber man muss wirklich jeden Lick hören, um ein Gefühl dafür zu bekommen, wie er gespielt wird. Beim Rock dreht sich alles um das Gefühl, und während das Notenbild dir die Noten zeigt, gibt dir das Audio die wichtige Phrasierung und Nuance. Anweisungen, wie du das Audio kostenlos erhalten kannst, findest du auf der nächsten Seite.

Vor allem aber viel Spaß beim Erkunden der Musik dieser bahnbrechenden Rockgitarristen. Wende alles Musikalische an und konzentrieren dich darauf, nur das zu lernen, was du gerne hörst.

Wir hatten eine Menge Freude daran, dieses Buch zusammenzustellen. Ich hoffe, es ist genauso angenehm, daraus zu lernen und es bietet dir einen gründlichen ersten Einblick in die Musik der Gitarristen, die du gerne hörst.

Viel Glück!

Joseph und Pete

Hol dir das Audio

Die Audiodateien zu diesem Buch stehen unter **www.fundamental-changes.com.** zum kostenlosen Download zur Verfügung. Der Link befindet sich oben rechts in der Ecke. Wähle einfach diesen Buchtitel aus dem Dropdown-Menü aus und folge den Anweisungen, um das Audio zu erhalten.

Wir empfehlen dir, die Dateien zunächst direkt auf deinen Computer und nicht auf dein Tablet herunterzuladen und dort zu extrahieren, bevor du sie zu deiner Medienbibliothek hinzufügst. Du kannst sie dann auf dein Tablet, deinen iPod ziehen oder auf CD brennen. Auf der Download-Seite gibt es ein Hilfe-PDF, und wir bieten auch technischen Support über das Kontaktformular.

Hol dir jetzt dein Audio kostenlos:

Es macht das Buch lebendig und du wirst viel mehr lernen!

www.fundamental-changes.com/download-audio

Wenn du ein Problem hast, melde dich bitte, bevor du eine negative Bewertung schreibst. Am Ende dieses Buches befindet sich eine E-Mail-Adresse.

Die sehr wenigen negativen Bewertungen, die wir erhalten, basieren in der Regel auf audiotechnischen Problemen, die wir für dich schnell lösen können. Es ist wirklich frustrierend, eine schlechte Bewertung bei Amazon für etwas zu bekommen, bei dem wir leicht helfen können.

Wie man dieses Buch benutzt

Mein Tipp ist, sich seinen Lieblingsgitarristen auszusuchen und direkt in seine Licks einzutauchen. Achte auf die Akkorde, über die jeder Lick gespielt wird, da sie einen enormen Einfluss auf das Gefühl der Melodie haben. Sobald du einen grundlegenden Überblick über den Lick hast, spiele ihn zusammen mit dem zugehörigen Backing-Track, um ein Gefühl für die Idee zu bekommen (auch wenn du ihn nur mit langsamem Tempo (z.B. 1/4 des Originaltempos spielen kannst), bevor du ihn noch einmal für sich anhörst, um ihn mit einem Metronom langsam zum Originaltempo zu steigern.

Wenn du genug Selbstvertrauen hast, versuche, die Phrase auf unterschiedliche Art zu spielen. Du kannst den Lick an verschiedenen Stellen im Takt beginnen und mit veränderten Phrasierungen experimentieren. Wie wäre es mit sliden anstatt benden?... Oder Hammer-Ons spielen statt einzeln anzuschlagen? Das führt zu der Frage, wie du jeden Lick zu deinem eigenen machen kannst.

Schließlich kannst du jeden Lick als Grundlage für deine eigenen Soli verwenden. Lerne, den Lick zu entwickeln, indem du Noten änderst, anders platzierst, erweiterst, verkürzt … Es gibt hunderte von Möglichkeiten, eine musikalische Phrase zu ändern, also vertraue deinen Ohren und habe Spaß – es ist fast unmöglich, einen Fehler zu machen! Behandle jeden Lick wie einen Grundstein eines Rock-Solos und schaue, wohin er dich führt.

Mein Buch „Blues Guitar Melodic Phrasing" geht sehr ausführlich auf all diese Konzepte und noch viel mehr ein. Es lehrt dich, wie du eine persönliche musikalische Sprache mit Gefühl und toller Phrasierung entwickeln kannst. Du wirst alles über die Platzierung und Verschiebung erfahren und ich empfehle es als idealen Begleiter zu diesem Buch.

Viele bekannte frühere Rock-Licks werden mit Noten aus der Moll-Pentatonik-Tonleiter gebildet, während viele spätere Rock-Licks auf bestimmten Modi der Dur-Tonleiter basieren, wie Äolisch, Dorisch und Mixolydisch. Falls diese Ideen neu für dich sind, mach dir keine Sorgen, es gibt keinen Grund, die Theorie zu verstehen, um Musik zu machen, aber für einige Hintergrundinformationen möchtest du vielleicht meine Bücher **Gitarrenskalen im Kontext, Moderne Musiktheorie für Gitarristen** und **Sicher auf dem Griffbrett** lesen.

Einige der Licks von Spielern wie Richie Blackmore, Michael Schenker und Tom Scholz sind technisch anspruchsvoll, da sie schnell gespielt werden und viele Notenunterteilungen beinhalten. Wenn diese Licks im Moment zu schnell für dich sind, grüble nicht zu viel nach, denn es ist ein wirklich langfristiges Ziel, sie im Originaltempo zu spielen.

Aus jedem Lick kann man immer eine Menge lernen, selbst wenn man nur einen kleinen Teil davon nimmt und mit langsamerer Geschwindigkeit spielt. Du wirst feststellen, dass die verwendeten Griffformen und das allgemeine Feeling der Phrase für dich viel nützlicher sein werden, als monatelang daran zu arbeiten, einen Lick in vollem Tempo zu perfektionieren.

Wenn du deine Geschwindigkeit oder einen anderen Aspekt deiner Gitarrentechnik steigern möchtest, empfehle ich dir dringend unsere Bestseller **Mordende Technik für E-Gitarre** und **Gitarren Finger-Gym**.

Jimmy Page

Jimmy Page wurde 1944 als James Patrick Page geboren und ist ein englischer Musiker, der vor allem als Leadgitarrist und Hauptsongschreiber der legendären Rockband Led Zeppelin bekannt ist. Von 1968 bis 1980 kreierte Page einige der großartigsten Hardrock-Songs, wie Whole Lotta Love, Stairway to Heaven, Kashmir und Black Dog.

Ein Großteil von Zeppelins enormer Anziehungskraft basierte auf Pages unglaublicher Fähigkeit, Elemente aus vielen verschiedenen Musikrichtungen in den bluesbasierten Hardrock-Sound einzubinden, für den die Gruppe berühmt wurde. Es ist keine Übertreibung zu sagen, dass er Generationen von Rockgitarristen beeinflusst hat, sowohl in Bezug auf seinen Spielstil als auch auf sein hochkreatives Songwriting/Arrangement. Sogar seine Bühnenpräsenz und Manierismen sind vielfach kopiert worden. Jeder zeitgenössische Gitarrist, der mit einer tief hängenden Gibson Les Paul-Gitarre vor einer Wand Marshall-Verstärker spielt, beschwört sofort ein Bild von Page in Zeppelins Blütezeit der 1970er Jahre.

Page begann bereits in jungen Jahren mit dem Gitarrespielen, und nach einer kurzen Zeit am College, wo er Kunst studierte, widmete er sich schließlich ganz der Musik. Anfang der 1960er Jahre wurde er ein angesehener Londoner Session-Gitarrist, und diese intensive Zeit der Studioarbeit half Page, viele der Fähigkeiten für Spiel- und Arrangement zu entwickeln, die er später bei Led Zeppelin einsetzte.

Noch während seiner Studiosessions wurde Page Mitglied der renommierten englischen Rockband The Yardbirds, wo er zunächst Bass spielte, bevor er zusammen mit seinem Gitarristenkollegen Jeff Beck zur zweiten Leadgitarre wechselte. In einer der letzten Besetzungen dieser Gruppe (genannt The New Yardbirds) waren bereits der Sänger Robert Plant und der Schlagzeuger John Bonham und damit wurden sie zu Led Zeppelin.

Led Zeppelin erfüllte Pages Vision einer improvisationsbasierten Gruppe, die Einflüsse aus Blues, Rock und traditioneller Folkmusik übernahm. Sie wurden sehr erfolgreich mit mehreren rekordbrechenden Tourneen und Albumverkäufen, die in den 1970er Jahren viele andere Gruppen in den Schatten stellten. Ihr kometenhafter Erfolg wurde durch den plötzlichen Tod des Schlagzeugers John Bonham im Jahr 1980 tragisch verkürzt. Page blieb jedoch in den folgenden Jahrzehnten musikalisch aktiv und arbeitete in seinen Jahren nach Led Zeppelin mit vielen namhaften Musikern zusammen. Led Zeppelin kam auch wieder für ein Benefizkonzert im Jahr 2007 zusammen, bei dem Jason Bonham für seinen verstorbenen Vater am Schlagzeug einsprang. Außerhalb der Musik erhielt Jimmy Page 2005 eine OBE für seine Verdienste um wohltätige Zwecke in Brasilien.

Pages unverwechselbarer E-Gitarrenstil basiert auf vielen musikalischen Einflüssen, obwohl sein Lead-Gitarrenspiel am stärksten von frühen E-Blues-Gitarristen und Rock and Roll-Spielern beeinflusst wird. Er bevorzugt vor allem Pentatonik- und Blues-Tonleitern, verwebt sie aber gelegentlich mit exotischeren modalen Tonleitern und veränderten Stimmungen. Er verwendet regelmäßig schnelle pentatonische Läufe mit dramatischem Effekt und verfügt neben seinem markanten schnellen Vibrato über eine individuelle Technik des Saitenziehens.

Jimmy Page wird am häufigsten mit der Gibson Les Paul Standard Gitarre in Verbindung gebracht, die nach wie vor seine erste Wahl für Live-Auftritte ist, obwohl er bei einigen seiner frühen Aufnahmen mit Led Zeppelin eine alte Fender Telecaster (von Jeff Beck gekauft) über einen Supro-Verstärker benutzt hat. Überraschenderweise wurde sein berühmtes Solo auf Zeppelins Stairway to Heaven tatsächlich mit dieser Gitarre gespielt.

In den 1970er Jahren benutzte er häufig einen Geigenbogen im Konzert, um außerirdische Effekte auf der Gitarre zu erzeugen. Im Studio benutzt er oft kleine leistungsarme Verstärker, um seine unverwechselbaren

Gitarrentöne zu erzeugen, aber im Allgemeinen verwendet er Marshall-Verstärker mit höherer Leistung für Live-Arbeit. Sein Einsatz von Gitarreneffekten ist ebenfalls erwähnenswert und bei mehreren Zeppelin-Alben hat er Tape-Delays und Phasereffekte sehr schön eingesetzt.

Hörempfehlung:

Led Zeppelin – Led Zeppelin I

Led Zeppelin – Led Zeppelin II

Led Zeppelin – Led Zeppelin IV

Led Zeppelin – Presence

Der erste Jimmy Page Lick besteht aus einer sich wiederholenden Triolen-Phrase, die auf der A-Moll-Pentatonik basiert. Dieses häufige Muster tritt im Spiel vieler Rockgitarristen auf und du solltest unbedingt Zeit damit verbringen, ihn unter die Finger zu bekommen. Wenn möglich, spiele mit dem dritten Finger jede G-Note (8. Bund) auf der B-Saite und benutze den ersten Finger als Mini-Barré über die beiden oberen Saiten.

Beachte, dass die Noten auf der zweiten Saite als Pull-Offs gespielt werden, um Geschwindigkeit und Spielflüssigkeit zu verbessern. Die Linie endet mit mehr Pull-Offs, bevor ein letzter Bend mit viel Vibrato gespielt wird.

Beispiel 1a:

In Beispiel 1b führt einen langsamer bluesige Bend zu einer absteigenden 1/16-Noten-Phrase, die sich schnell auf der A-Moll-Pentatonik-Tonleiter bewegt. Jimmy Page würde es vorziehen, wenn sein dritter und erster Finger alle Noten in Takt Eins spielen würden.

Die erste Hälfte des Licks endet tatsächlich auf F (8. Bund, A-Saite), einer Note außerhalb der pentatonischen Tonleiter und ist der Grundton des F-Dur-Akkords. Dies hilft dem Lick, den zugrunde liegenden Akkordänderungen zu folgen. Denke daran, auch den markierten Noten Vibrato hinzuzufügen.

Beispiel 1b:

Der nächste Lick zeigt eine schnelle, repetitive Pull-Off-Phrase in Takt Zwei, die *sich* über die Zählzeit verschiebt. Ignoriert man die erste Note (E) auf dem 5. Bund, beginnt die Linie auf Zählzeit 2 mit einem C (8. Bund). Die dreinotige Pull-Off-Idee wird als 1/16tel Note (Vierergruppen) gespielt, wodurch sich die erste Note jeder Sequenz bei jeder Wiederholung um eine 1/16tel Note nach vorne verändert.

Definitiv eine Übung, die man langsam mit einem Metronom übt, bietet diese Linie einen großartigen Einblick in die Art und Weise, wie Jimmy Page schnellere Licks weniger vorhersehbar und aufregend macht.

Beispiel 1c:

Beispiel 1d ist eine horrend aussehende, aber sehr effektive Linie, die auf einem 1/16tel Notenmuster basiert, das typisch für die Phrasierung von Page ist. Sie basiert wiederum auf der A-Moll-Pentatonik (diesmal in der 12. Position) und wird hauptsächlich mit dem ersten und dritten Finger gespielt.

Achte besonders auf das Vibrato auf den länger gehaltenen Noten.

Beispiel 1d:

Der letzte Jimmy Page Lick beansprucht dich ein bisschen mehr mit seinen kombinierten 1/16 und 1/8 Noten Phrasierungen und Positionsverschiebungen. Lerne ihn, indem du den Lick in Phrasen von 2 Zählzeiten zerlegst und mit einem Metronom übst.

Um die Positionsverschiebung auf halbem Weg durch den ersten Takt durchzuführen, rutsche mit dem zweiten Finger in den 9. Bund der dritten Saite. Achte auch auf den letzten Teil des Licks in Takt Zwei, wo du einen schnellen Saiten-Sprung vom 7. Bund auf der D-Saite bis zum Bend auf dem 8. Bund vor dir hast, um die Linie kurz vor Zählzeit 3 zu beenden.

Beispiel 1e:

Angus Young

Angus McKinnon Young wurde 1955 in Glasgow, Schottland, geboren und wanderte 1963 mit einem Großteil seiner Familie (einschließlich seiner älteren Brüder Malcolm und George) nach Sydney, Australien, aus. Er begann zu spielen, indem er erst Banjo und später eine gebrauchte Akustikgitarre benutzte. Nachdem er im Alter von 15 Jahren die High School abgebrochen hatte, begann er seine musikalische Karriere mit der Gründung eigener Bands. Nach begrenztem Erfolg mit diesen Gruppen gründete Young mit seinem Bruder Malcolm an der Rhythmusgitarre die Rockgruppe AC/DC. Der Name AC/DC wurde offenbar von einem Etikett auf der Rückseite der Nähmaschine seiner Schwester übernommen.

AC/DC veröffentlichten 1975 ihr erstes Album High Voltage und wurden in den nächsten Jahren vor allem in Australien immer beliebter. Young begann auch, sich auf Vorschlag seiner Schwester in seine charakteristische Schuljungenuniform zu kleiden.

Das 1979 erschienene Album Highway to Hell der Gruppe brachte ihnen viel internationalen Erfolg, doch der plötzliche Tod des Sängers Bon Scott an Alkoholvergiftung kurz nach der Veröffentlichung des Albums warf einen langen Schatten auf die Zukunft der Band, bis Brian Johnson als Ersatz für den Sänger gefunden wurde. Nach nur etwa fünf Monaten nahmen AC/DC Back in Black als Hommage an Bon Scott auf und es wurde schnell zu einer der meistverkauften Aufnahmen.

Trotz des Erfolgs von Back in Black erlebte die Band mit späteren Alben eine Phase des kommerziellen Niedergangs, und erst mit The Razor's Edge 1990 kehrten sie zu dem Niveau zurück, das sie mit den früheren Alben erreicht hatten. Die Gruppe nahm zwei weitere Alben auf, bevor sie eine achtjährige Pause einlegte. Ihr letztendliches Comeback-Album Black Ice war sehr erfolgreich und brachte sie wieder ins internationale Rampenlicht.

In den letzten Jahren war die Band von Mitgliedern betroffen, die aufgrund von gesundheitlichen Problemen ausschieden. Während Angus Young bei der Gruppe blieb, zogen sich sowohl Malcolm Young als auch Brian Johnson wegen gesundheitlicher Probleme zurück. Der ehemalige Guns'n'Roses-Sänger Axl Rose ersetzte Johnson für die Tour 2017.

Angus Youngs Gitarrenspiel war schon immer die zentrale musikalische Attraktion bei AC/DC, und außerhalb seiner energiegeladenen Live-Auftritte feiern Hard Rock-Fans allgemein seinen rauen Blues-Rock-Gitarrenansatz. Er bevorzugt vor allem Bluestonleiter und Pentatonik und verwendet häufig Einzel- und Unisono-Saitenbends und ein schnelles, intensives Vibrato sowie viele Double-Stops.

Young ist vor allem für seinen treuen Einsatz von Gibson SG-Gitarren und Marshall-Verstärkern bekannt, die meistens durch 4x12-Boxen mit Celestion-Lautsprechern gespielt werden. Sein Sound ist im Vergleich zu anderen Hardrock-Gitarristen nicht besonders verzerrt sondern behält eine beträchtliche Klarheit, klingt aber aggressiv und aufregend. Sein Ton wird selten durch vordergründige Effekte ergänzt. Auf der Bühne benutzt er ein drahtloses System, das ihm ermöglicht, sich ohne die Behinderung eines Gitarrenkabels frei zu bewegen.

Hörempfehlung

AC/DC – Back in Black

AC/DC – Highway to Hell

AC/DC – The Razor's Edge

AC/DC – Black Ice

Ich kann nicht genug betonen, dass die Art und Weise, wie ein Lick auf dem Papier aussieht, nicht der Art und Weise gerecht wird, wie er gespielt werden soll. Wenn du das Audio noch nicht heruntergeladen hast, dann tu es spätestens jetzt, da dieser Lick ein typisches Beispiel ist, und man muss sich alles von Angus Young angehört haben, bevor man es spielt.

Diese Linie, die leicht hinter der Zählzeit gespielt wird, verwendet die E-Moll-Pentatonik-Tonleiter und eine Reihe von Bends, um ein aggressives, bluesbasiertes Statement zu erzeugen.

Achte auf das künstliche Flageolett (P.H. Pinch Harmonic) in Takt Eins beim zweiten Bend - versuche, mit etwas Berührung vom Daumen die Saite gleichzeitig mit dem Plektrum zu treffen, um diesen Effekt zu erzeugen. Das Benden und Halten im Takt Zwei kann auch ein wenig Übung erfordern. Bende vom 15. Bund auf der zweiten Saite mit dem dritten Finger und greife mit dem kleinen Finger das G im 15. Bund auf der hohen E Saite . Füge so viel Vibrato wie möglich hinzu.

Beispiel 2a:

Beispiel 2b zeigt, wie Angus oft kurze, schnelle Notenläufe verwendet, die mit länger gehaltenen Noten (plus viel Vibrato) durchsetzt sind, um interessante Phrasierung und Dynamik zu erzeugen. Beachte, wie die erste Phrase durch eine Zählzeit verzögert wird … und dich dadurch einfach verzaubert. Es gibt hier nichts technisch Anspruchsvolles, aber Achtung vor dem subtilen Blues-Curl (1/4-Ton-Bend) in Takt Zwei, der für einen authentischen Angus Young-Sound unerlässlich ist.

Beispiel 2b:

Es ist nicht nötig, bei jedem Lick alles zu geben; manchmal ist Raum lassen und die Wahl der Melodienote genau das, was das Publikum hören muss. In diesem Beispiel ist das C# (Takt Zwei, Zählzeit 1) vielleicht ungewöhnlich, aber nicht unerwartet in dem absteigenden Tonleiterlauf (E-Dorisch). Die gepinchten Obertöne mit breitem Vibrato erzeugen ein Hard Rock Gefühl, ebenso wie die E-Moll-Pentatonik in Takt Drei.

Beachte, wie die Rhythmen in den Takten Zwei und Drei gesetzt sind, um dich in Spannung zu halten.

Beispiel 2c:

Der Auftakt zu diesem nächsten Lick hilft wirklich, dich durch die ganze Figur zu bewegen. Wieder mal erzeugt viel präzises Bending eine gesangsartige Phrase. Achte auf die schnelle Auf- und Abbewegung beim ersten Bend in Takt Zwei; verwende deinen dritten Finger, um deinen vierten Finger für die Noten auf der hohen E-Saite zur Verfügung zu haben.

Die außerhalb der Zählzeit liegenden Double-Stops in Takt Zwei verleihen den Blues-Bends und dem Vibrato Textur und rhythmischen Kontrast.

Beispiel 2d:

Der letzte Angus Young Lick mischt verschiedene Rhythmen, um den Eindruck zu erwecken, dass er sich während des gesamten Laufs beschleunigt und verlangsamt. Beachte, dass auf Zählzeit 4 des Taktes Eins einfach ein E-Moll-Akkord in der 7. Position gegriffen wird, aber lass die Noten nicht ineinander übergehen.

Das Timing von Zählzeit 2 in Takt Zwei kann ein wenig gesonderte Arbeit erfordern, bevor er wieder in den Rest der Phrase eingefügt wird. Nachdem du die Finger Eins und Drei für Takt Zwei verwendet hast, spielst du die vorletzte Note im 7. Bund (A-Saite) in Takt Drei mit dem ersten Finger, damit du die letzte Note auf dem 9. Bund treffen kannst. Denke daran, Vibrato hinzuzufügen und die angezeigten Fingerslides zu spielen.

Beispiel 2e:

David Gilmour

David Jon Gilmour wurde 1946 in Cambridge, England, geboren und interessierte sich mit Unterstützung seiner akademischen Eltern früh für Musik. Er wurde von frühen Rock and Roll-Künstlern wie Elvis Presley und Bill Haley zum Gitarrespielen inspiriert. Im Alter von 11 Jahren besuchte er die Schule mit zukünftigen Mitgliedern von Pink Floyd, Syd Barrett und Roger Waters. Gilmour verbrachte nach seiner Schulzeit Zeit damit, mit verschiedenen Bands zu arbeiten und in Europa zu reisen (manchmal mit Barrett), bevor er Ende 1969 von Schlagzeuger Nick Mason gebeten wurde, sich Pink Floyd anzuschließen. Der ursprüngliche Plan war anscheinend, mit Syd Barrett als Mitglied von Pink Floyd fortzufahren, aber seine ständig zunehmenden persönlichen Probleme machten es der Gruppe schwer, und er wurde schließlich durch Gilmour als Leadgitarrist und Sänger ersetzt, der diese letztgenannte Rolle zeitweise mit Waters teilte.

Die Gruppe erzielte in den 1970er Jahren enorme kommerzielle Erfolge, vor allem mit ihren Konzeptalben The Dark Side of the Moon, Wish You Were Here und The Wall. Diese Alben zählen zu den besten und durch ihren Erfolg wurde Pink Floyd zu einer der weltweit größten Konzertattraktionen, die oft mit aufwändigen Bühnenbildern und Produktionen aufwarteten. Ende der 1970er Jahre begann Gilmour, der sich innerhalb von Pink Floyd kreativ frustriert fühlte, Solomaterial zu schreiben, das in seinem Debüt-Soloalbum David Gilmour (1978) gipfelte.

Trotz ihrer großen Erfolge in den 1970er Jahren litten die Mitglieder von Pink Floyd in den 1980er und frühen 1990er Jahren unter kreativen und persönlichen Schwierigkeiten. Dies wirkte sich auf ihre musikalische Leistung aus, obwohl sie immer noch eine Reihe von hochwertigen Alben produzierten. 1995 machten sie eine längere Pause von Studio und Tournee bis 2005, als sie für Live 8 kurzzeitig wieder zusammenfanden.

Gilmour hat weiterhin Solomaterial aufgenommen, obwohl der tragische Tod des Pink Floyd-Keyboarders Richard Wright im Jahr 2008 bedeutete, dass es keine weiteren Pink Floyd-Aufnahmen oder Tourneen geben würde. Gilmour verfolgt weiterhin seine eigene Karriere, arbeitet als gelegentlicher Sideman und produziert andere Musikkünstler.

David Gilmours Spielstil ist ökonomisch und fast kompositorischer Natur mit ausgeprägten und einprägsamen Melodien in seinem Lead-Gitarrenwerk. Er verwendet hauptsächlich Pentatonik- und Blues-Tonleitern, verwendet aber gelegentlich modale Sounds, die von der Stimmung des Songs abhängen. Er mag heftige Saitenbends, um seinen Soli Farbe und Dramatik zu verleihen, und verwendet oft große Intervallbends mit großer Auswirkung. Sein Vibrato ist unverwechselbar mit einer stimmlichen Qualität.

Gilmour steht seit langem mit der Fender Stratocaster in Verbindung, obwohl er auch andere Modelle wie die Telecaster verwendet hat. Er hat auch Pedal Steel Gitarren auf einer Reihe von Alben geschmackvoll eingesetzt.

Seine überirdischen Töne mit Pink Floyd sind für viele moderne Gitarristen zu einem klanglichen Maßstab geworden, wenn es um den kreativen Einsatz von Effekten geht. Viele seiner berühmtesten Aufnahmen zeigen den Einsatz von Univibes, Phasern und Fuzz-Pedalen. Besonders bemerkenswert ist sein Einsatz von analogen und digitalen Delays, die er in vielen bekannten Pink Floyd-Kompositionen kreativ eingesetzt hat, die oft rhythmisch dem Tempo des Songs angepasst sind, z.B. Run Like Hell.

Im Gegensatz zu anderen Gitarristen seiner Generation hat Gilmour im Allgemeinen auf Marshall-Verstärker verzichtet und bevorzugt Marken wie Hiwatt und Fender, was ihm einen besonders klaren und durchdringenden Gitarrenklang verleiht, der noch immer gerne kopiert wird.

Hörempfehlung

Pink Floyd – Dark Side of the Moon

Pink Floyd – Wish You Were Here

Pink Floyd – Animals

Pink Floyd – The Wall

Der erste Lick sieht auf dem Papier kompliziert aus, macht aber viel Sinn, wenn man ihn hört. Verwende entweder deinen dritten Finger oder den dritten und vierten Finger zusammen für die Double-Stops und deinen dritten Finger für die Bends am 15. Bund. Vibratos auf Bends sind nie eine leicht zu beherrschende Kunst. Sobald du den Bend auf die richtige Tonhöhe gebracht hast, geht es darum, den Bend leicht loszulassen, bevor du die Saite wiederholt auf die ursprüngliche Tonhöhe zurückführst. Definitiv etwas, woran du separat arbeiten solltest.

Beispiel 3a:

Du wirst wahrscheinlich etwas Sustain an deiner Gitarre brauchen, um es durch den Takt Zwei des nächsten Beispiels zu schaffen. Versuche, deiner Signalkette zwischen Gitarre und Verstärker ein wenig Kompression und auch etwas Hall hinzuzufügen. Auch hier ist es am besten, dieses Übungsbeispiel zuerst anzuhören, bevor du dich mit Hilfe der Notation daran versuchst. Versuche es bitte nicht anders.

Der Lick ist größtenteils aus der E-Moll-Pentatonik-Tonleiter aufgebaut und verfügt über mehrere Double-Stops (nicht anders als Angus Youngs Spiel), aber man hört, wie unterschiedlich dieser Lick im Vergleich dazu klingt. Das Vibrato auf dem letzten Double-Stop ist etwas trickreich, ebenso wie die Phrasierung des zweiten vollen Taktes. Du kannst experimentieren, indem du deinen dritten und vierten Finger für einige der Double-Stops zusammen verwendest, um maximale Kontrolle zu haben.

Beispiel 3b:

Der Bend von Moll zur Dur-Terz scheint eine ungewöhnliche Notenwahl in einer Molltonart zu sein, aber Gilmour nutzt sie oft effektiv, wie im letzten Takt des nächsten Beispiels zu sehen ist. Du kannst mit der Griffweise der letzten beiden Töne des ersten Taktes experimentieren, da der Sprung vom 12. zum 17. Bund zunächst schwierig zu greifen sein könnte, besonders vor dem eineinhalbfachen Bend im zweiten Takt.

Zerlege jede Mini-Phrase, bevor du sie wieder zusammenfügst.

Beispiel 3c:

Beispiel 3d ist definitiv eine Phrase mit Wurzeln im Spiel von Jimi Hendrix und Stevie Ray Vaughan. Wenn man sie schneller und mit etwas zusätzlichem Overdrive spielt, wäre sie direkt in Voodoo Child (Slight Return) zu Hause. Es ist einfach E-Moll-Pentatonik mit einer unerwarteten Auflösung in Takt Drei. Überstürze die Phrase nicht und versuche, akkurat mit der Rhythmusgruppe auf dem Backing-Track mitzuspielen.

Beispiel 3d:

Beispiel 3e: Der letzte Gilmour-Lick sieht auf dem Papier rhythmisch komplex aus, aber durch den verzögerten Anfang und die clevere Phrasierung wirkt er nie zu komplex. Die Double-Stops sind akzentuiert, aber die Ein-Ton-Reihen sollten so sanft wie möglich gespielt werden. Höre dir die Phrasierung der Bend- und Pull-Off-Phrase am Ende von Takt Zwei an; schlage dabei nur die erste Note auf jeder Saite an. Sei auf den plötzlichen Sprung über zwei Saiten in Takt Drei vorbereitet und stelle sicher, dass du den letzten Bend genau triffst, da jede schlechte Intonation nicht zu überhören ist.

Beispiel 3e:

Billy Gibbons

William Frederick Billy Gibbons, 1949 in Houston, Texas, geboren, wuchs durch den Einfluss seines Vaters, eines erfolgreichen Orchesterdirigenten, Entertainers und Pianisten, in einem musikalischen Umfeld auf. Gibbons wurde ermutigt, Musik zu studieren, und er begann seine musikalische Reise als Perkussionist, wobei er zu einer Zeit sogar Unterricht beim beliebten Latin-Perkussionisten Tito Puente in New York erhielt.

In seinen mittleren Teenager-Jahren erhielt Gibbons seine erste E-Gitarre und entwickelte, inspiriert von der Bluesmusik, schnell seine Fähigkeiten auf dem Instrument. Während seines Studiums an der Kunsthochschule in Kalifornien begann er mit lokalen Bands zu arbeiten, bevor er The Moving Sidewalks gründete. Diese Band erzielte einige kommerzielle Erfolge, vor allem als Vorband mit der Jimi Hendrix Experience auf ihrer ersten US-Tournee. Hendrix war Berichten zufolge beeindruckt von Gibbons' Gitarrenspiel und beglückwünschte ihn in zwei beliebten Fernsehsendungen dieser Zeit.

1969 gründete Gibbons ZZ Top mit dem Bassisten Dusty Hill und dem Schlagzeuger Frank Beard. Dies ist das Trio, mit dem er am häufigsten in Verbindung gebracht wird, und sie veröffentlichten ihr erstes Album 1971. Durch die erfolgreiche Verschmelzung von Blues- und Rock-Elementen bauten sie durch intensives Touring und Recording eine begeisterte Fangemeinde auf, bevor sie in den späten 1970er Jahren eine längere Pause einlegten, um teilweise einen Plattenvertrag neu zu verhandeln. Zu diesem Zeitpunkt waren Gibbons' Spiel und Songwriting zu einem unverwechselbaren texanischen Rock/Blues-Stil gereift, der zusammen mit dem Bild der Band von langen Bärten und breitkrempigen Hüten ZZ Top eine beachtliche Fangemeinde bescherte.

Mit der Veröffentlichung ihres Eliminator-Albums Anfang der 1980er Jahre gelang es ZZ Top schließlich, internationale Erfolge zu erzielen. Dies führte zu mehreren erfolgreichen Hit-Singles und ermutigte die Gruppe, das neue Musikvideo-Format und den MTV-Musikkanal zu nutzen. Die Gruppe wechselte auch von ihrem traditionellen Power-Trio-Sound zu mehr integrierten Synthesizersounds. Dies erwies sich als kluger Schritt im kommerziellen Bereich und brachte bemerkenswerten Erfolg für alle ihre Alben der 80er Jahre.

Mitte bis Ende der 90er Jahre kehrten ZZ Top zu ihren Blues-Rock-Wurzeln zurück, ließen die Synthesizer fallen und passten ihren Sound wieder einem organischeren Rock-Stil an. Bis heute hat die Band 15 Alben veröffentlicht und tritt immer noch regelmäßig auf. Gibbons hat im Laufe der Jahre mit vielen Musikern zusammengearbeitet und war auch in der Fox TV-Serie Bones als Schauspieler zu sehen.

Gibbons' Spielstil ist unverwechselbar, häufig mit Blues- und Pentatonik-Tonleitern, gespielt mit markanten Effekten wie Pinch Harmonics (künstliche Flageoletts), die er mit seiner Anschlagshand kreiert. Meisterhaft in Ausdruck und Intensität mit nur wenigen Noten sind seine Soli melodisch und mit vielen Double-Stops versehen. Rhythmische Synkopierungen gehören ebenfalls zu seinem gern gehörten Arsenal.

Gibbons hat im Laufe der Jahre einige ziemlich extravagante, für ihn gebaute Instrumente gespielt, ist aber vor allem für seine Beziehung zu Gibson Les Paul Gitarren bekannt. Gibson veröffentlichte ein eigenes Pearly Gates-Modell für Gibbons, für das er wirbt und spielt. Er hat auch andere Gitarren wie Fender Telecasters und einige Gretsch-Modelle verwendet.

Er bevorzugt klassische Röhrenverstärker wie Marshalls und verwendet minimale Effekte, wobei er die meisten seiner charakteristischen Töne direkt aus der Gitarre und der Verstärkerkombination erzeugt.

Hörempfehlung

ZZ Top – Tres Hombres

ZZ Top – Eliminator

ZZ Top – Afterburner

ZZ Top – El Loco

Der erste Lick könnte leicht für ein eigenständiges Riff durchgehen, wenn nicht all die Pinch Harmonics den Mix durchziehen würden. Diese sind ein großer Teil des Stils von Billy Gibbons und man wird sie während seines gesamten Spiels hören. Um eine zu erzeugen, versuche, die Saite mit dem Pick und gleichzeitiger Berührung des Daumens und Nagels anzuschlagen. Du kannst verschiedene Tonhöhen erzeugen, indem du die Saite an verschiedenen Positionen entlang ihrer Länge anschlägst.

Achte auf die gleiche Note, die an verschiedenen Stellen in Takt Zwei gespielt wird. Dies erzeugt eine interessante Dynamik und Textur über den gesamten Lauf. Bends ganz am Anfang des Gitarrenhalses können eine Herausforderung sein, also dämpfe alles, was nicht ganz sauber klingt, und arbeite daran, bis es perfekt ist.

Beispiel 4a:

Dieser nächste Lick ist ziemlich repetitiv und wird mit Gibbons' eigener Art gespielt, die die Phrasierung der 1/8-Note vorantreibt. Er entsteht, indem man die gleiche Greifform in verschiedene Bünde des Halses passend zur Tonart verschiebt um eine bluesige Note zu erhalten. Achte besonders auf die Slides und Phrasierungsindikatoren, da solche Linien erst mit der richtigen Art von Dynamik lebendig werden.

Bei den Zwei-Noten-Paaren wird ein starkes Vibrato verwendet, so dass es aufwändig sein kann, jede Tonhöhe distinktiv zu halten, aber es ist der Mühe wert.

Beispiel 4b:

Beispiel 4c beinhaltet ein weiteres Pinch Harmonic, das auf einer sich wiederholenden Moll-Pentatonik Phrase basiert. Achte besonders auf die Tonstufenabstände der einzelnen Bends. Beachte die Verwendung der absteigenden Blues-Tonleiter-Sequenz auf der A-Saite in Takt Zwei, bevor du mit einem markanten Blues-Curl im letzten Takt endest.

Beispiel 4c:

Der folgende Lick ist wieder auf Double-Stops aufgebaut und verwendet Noten auf der gleichen Griffhöhe, ein klassischer Blues-Move. Beachte, dass der erste Double-Stop im Auftakt zu Takt Zwei mit einem bluesigen rhythmischen Schub gespielt wird. Takt Zwei bewegt sich kurz nach oben in die zweite Position der A-Moll-Pentatonik, also bereite dich auf diese Verlagerung der Finger vor, ohne den rhythmischen Fluss der Phrase zu verlieren.

Beispiel 4d:

Auch hier werden in Beispiel 4e bluesige Bends und Pinch Harmonics verwendet, aber diesmal kombiniert mit offenen Saiten für eine absteigende Tonfolge, die nie zu enden scheint. Achte besonders auf die verschiedenen Pull-Offs und die hängende Phrasierung dieses stilistischen Gibbons-Licks. Achte auch auf die zusätzliche C#-Note in Takt Zwei (Zählzeit 3), die der Linie einen fast mixolydischen Geschmack verleiht.

Beispiel 4e:

Brian May

Brian Harold May wurde 1947 in London, England, geboren und ist vor allem als Leadgitarrist der Rockgruppe Queen bekannt. Er gründete seine erste Band bereits während der Schulzeit, entschied sich aber erst, Physik und Mathematik an der Universität zu studieren, anstatt eine Vollzeitmusikkarriere zu verfolgen. May gründete 1968 die Band Smile, wo er mit Roger Taylor (dem Schlagzeuger von Queen) auftrat. Als sich die Gruppe 1970 schließlich auflöste, gründete May mit Taylor die Gruppe Queen und fügte schließlich Sänger Freddie Mercury und Bassisten John Deacon hinzu.

May war ein bedeutender Komponist und Arrangeur innerhalb von Queen, und nachdem ihr Debütalbum 1973 veröffentlicht wurde, erwarb sich die Gruppe einen Ruf für ihren einzigartigen Sound, der progressive Rock-Stile mit komplizierten Arrangements und einprägsamen Gesangsharmonien verband. Aufnahmen wie Sheer Heart Attack und A Night at the Opera trugen dazu bei, Queens Ruf als eine der unverwechselbarsten Gruppen zu festigen, die seit Jahren aus Großbritannien auftauchten, und bis Mitte der späten 1970er Jahre waren sie eine große Konzertattraktion. Ihre bahnbrechende Single Bohemian Rhapsody (aus dem Album A Night at the Opera) war eine wohldurchdachte Produktion mit Opern-Gesangsharmonien und wurde von dem ersten Promotion-Musikvideo in voller Länge begleitet.

Anfang der 1980er Jahre war Queen eine der weltweit meistverkaufenden Rockbands mit einer Reihe von sehr erfolgreichen Alben und Singles. Sie traten 1985 mit großem Erfolg bei Live Aid auf und tourten und nahmen weiter auf, bis sich herausstellte, dass der Sänger Freddie Mercury (an AIDS erkrankt) zunehmende gesundheitliche Probleme bekam. Mercury starb leider 1991 und ließ die Band trauernd über den Verlust ihres dynamischen Frontmanns zurück. May gründete kurz darauf die Brian May Band, um seine Bühnen- und Studioarbeit fortzusetzen.

Mays Arbeit nach Queen umfasst Soloprojekte und Musikproduktion mit vielen zeitgenössischen Künstlern und verschiedene Kooperationen mit den überlebenden Mitgliedern von Queen. Eine solche Zusammenarbeit bestand mit dem ehemaligen Free Sänger Paul Rodgers und in den letzten Jahren haben May und Roger Taylor auch erfolgreich mit dem Sänger Adam Lambert zusammengearbeitet.

Der Gitarrenstil von Brian May ist in vielerlei Hinsicht einzigartig. Als exzellenter traditioneller Rockgitarrist zeichnet er sich auch durch das Arrangieren multipler Gitarrenparts aus, die oft über Multi-Tracking harmonisiert werden. Viele seiner berühmtesten Soli sind integraler Bestandteil des Songs und äußerst melodisch. Neben den typischen Blues- und Pentatonik-Tonleitern, die von den meisten Rockgitarristen bevorzugt werden, verwendet May auch modale Tonfolgen und exotischere Sounds wie die Harmonische Moll Tonleiter. Er spielt mit beachtenswerter technischer Kontrolle und Geschwindigkeit (aber nie zum Nachteil des Songs) und ist geschickt in Techniken wie Saiten-Bending und Vibrato. Darüber hinaus ist seine Fähigkeit, den Gitarrenstil zwischen verschiedenen Songs radikal zu wechseln von anderen Gitarristen selten erreicht worden. Sein Spiel ist unabhängig vom musikalischen Hintergrund, in der er spielt, sofort erkennbar.

Die Gitarre, mit der May am engsten in Verbindung gebracht wird, ist eine, die er zusammen mit seinem Vater baute und die aus recyceltem Holz und Metallkomponenten aus seinem Elternhaus hergestellt wurde. Der Bau dauerte anscheinend zwei Jahre (zwischen 1963 und 1965) und ist hauptsächlich aus Holz gebaut, das aus einem alten Kaminsims und Tisch stammt. Sie verfügt über drei Single Coil Pickups, obwohl mit umgekehrter Polarität verdrahtet. Dieser unverwechselbare Klang ist auf den meisten seiner Aufnahmen zu hören. Diese Gitarre wurde von verschiedenen Gitarrenbauern nachgebaut und ist nun über Brian May Guitars als exakte Nachbildung erhältlich.

Brian May verwendet fast ausschließlich Vox-Verstärker und bevorzugt das legendäre AC30-Modell, um seinen unverwechselbaren Sound zu erzeugen. Er steuert die meisten klanglichen Änderungen direkt von seiner Gitarre aus über die verschiedenen Pickup-Konfigurationen, die verfügbar sind, verwendet aber einen Treble Booster, um seinem Sound mehr Druck und Sustain zu verleihen. May gilt mit seinem ausgeklügelten Einsatz von Delay-Effekten als Innovator, und Tracks wie Brighton Rock zeigen seinen kreativen Umgang mit diesen, um ausdrucksstarke Gitarrensounds zu erzeugen.

Hörempfehlung

Queen – A Night at the Opera

Queen – A Day at the Races

Queen – Innuendo

Brian May Band – Live at the Brixton Academy

Das erste Beispiel beginnt mit einigen heftigen Bends und einem klassischen Vibrato im May-Stil, bevor es in D-Dorisch in einen schnell absteigenden Lauf übergeht. Achte in den Takten Eins und Zwei auf die Slides *aus* jeder Note, um einen authentischen Brian May-Ansatz zu finden.

Ziele in Takt Drei darauf ab, die erste Note jeder Zählzeit auf den Klick zu bekommen und alles andere sollte an seinem Platz sein. Verwende deinen kleinen Finger, um den 14. Bund auf der G-Saite in Takt Drei zu greifen, und du wirst es einfacher finden, auf dem Griffbrett abwärts zu spielen.

Beispiel 5a:

Der nächste Lick beginnt mit einem ähnlichen Bend, gefolgt von einigen präzise im Timing durchgeführten Bends in oberer Lage nach einem gleiten in den 10. Bund von der offenen D-Saite aus … Ein weiterer Brian May-Signature-Move. Stelle sicher, dass du deine Finger für den Bend am 14. Bund danach in Position gebracht hast.

Die Fokuspunkte in dieser Linie sind leicht synkopiert, also spiele mit der Audiospur, bis du sie genau wiedergeben kannst.

Beispiel 5b:

Beispiel 5c beginnt mit einem mit der Handfläche gedämpften aufsteigenden Skalenlauf unter Verwendung der D Mixolydischen Tonleiter. Auch hier ist die rhythmische Phrasierung etwas locker, also versuche, dich mit dem Audiobeispiel vertraut zu machen. Die zweite Hälfte des Licks besteht aus sechs wiederholten Bends auf dem 15. Bund der hohen E-Saite.

Das bewusste F# kurz vor dem letzten Takt sticht wirklich als besondere Notenwahl hervor. Da hast du es; eine aufsteigende Tonleiter, die mit tollem Timing und einigen dramatischen, sich wiederholenden Bends gespielt wird ... Rockgitarre muss nicht komplex sein, manchmal reicht schon der kreative Einsatz einfacher musikalischer Werkzeuge, um Geschichte zu schreiben.

Beispiel 5c:

Dieser Lauf, der seinen Ursprung einem stark akzentuiertem Powerchord zu verdanken hat, verwandelt sich schnell in eine flüssige, repetitive Phrase, die an Jimmy Pages Spiel erinnert. Es ist jedoch charakteristisch für May mit seiner ungewöhnlichen Phrasierung und dem sofort erkennbaren Gefühl. Verwende deinen 1. und 3. Finger in diesen Sätzen.

Der zweite Teil der Phrase steigt auf der D-Blues-Tonleiter ab und du musst eine nahtlose Positionsverschiebung durchführen, um den 10. Bund auf der tiefen E-Saite mit dem 3. Finger zu spielen. Achte auch auf die Country-gefärbte Spielweise am Ende!

Beispiel 5d:

Der letzte Lick verwendet einen Harmonizer auf nur einer Tonhöhe; den Bend in Takt Zwei. Wenn du keinen Harmonizer hast, kein Problem, denn der Lick klingt ohne ihn immer noch toll. Auch hier ist der stampfende Powerchord mit einem abwärts gespielten Slide im Takt Eins ein Brian May Signature Move, der den Rest des Solos bestimmt.

In Takt Drei denke bitte melodisch, da diese Linie die Gesangsmelodie des Queen-Tracks One Vision widerspiegelt. Brian May nutzte oft die Gesangslinien von Freddie Mercury, um so seine Soli anzuregen und eine unbewusste Verbindung in den Köpfen der Zuhörer herzustellen.

Verwende den Slide im 15. Bund in Takt Vier, um die Position der Greifhand der ersten Form einer D-Moll-Pentatonik Tonleiter anzupassen.

Beispiel 5e:

Keith Richards

Keith Richards wurde 1943 in Kent, England, geboren und ist seit mehreren Jahrzehnten für seine Arbeit als Hauptgitarrist und Gründungsmitglied der Rolling Stones bekannt. Obwohl seine Eltern keine Musiker waren, war sein Großvater mütterlicherseits ein tourender Jazzgitarrist und er war es, der Richards' Interesse an der Gitarre weckte und ihm seinen ersten Unterricht gab. Ursprünglich von Jazz-Aufnahmen beeinflusst, entdeckte er bald die frühen Rock and Roll- und Blues-Künstler, die einen großen musikalischen Einfluss auf ihn hatten. Er besuchte die Grundschule mit Mick Jagger (der einige Zeit neben ihm wohnte, bevor er später umzog) und sie erneuerten ihre Freundschaft, als sie sich einige Jahre später wieder trafen und ein gemeinsames Interesse an Rhythm and Blues Musik entdeckten.

Während seines Studiums am Art College begann Richards in lokalen Bands zu spielen (unter Vernachlässigung seines Kunststudiums) und zog nach London, um eine Wohnung mit Jagger und Brian Jones zu teilen. Nach der Gründung der Rolling Stones unterzeichnete die Gruppe 1963 beim Plattenlabel Decca einen Vertrag und gründete damit eine der am längsten bestehenden und berühmtesten Gruppen der Rockgeschichte.

Neben den Beatles wurden The Rolling Stones zu einem weltweiten Erfolg, wobei Mick Jagger und Keith Richards die wichtigsten Songwriter der Gruppe wurden, die ihre gemeinsamen musikalischen Einflüsse in einer Mischung aus Rock ‚n' Roll, Rhythm and Blues, Pop, Soul und Country vereinen. Die Band zeigte auch die Gitarren-Talente von Brian Jones, Mick Taylor und schließlich Ronnie Wood.

Die Gruppe erzielte schnell großen kommerziellen Erfolg durch erfolgreiche Single-Veröffentlichungen aus ihren Alben, von denen viele Richards' unverwechselbare Riffs und Akkordfolgen enthielten. Tracks wie Gimme Shelter, I Can't Get No Satisfaction und Start Me Up sind alle klassische Beispiele für Richards› Songwriting und Arrangement.

Erfolgreiche Tourneen und Aufnahmen wurden (trotz häufiger interner Reibungen zwischen Richards und Jagger) bis Ende der 1970er Jahre fortgesetzt, als ihre Art von Musik an Popularität verlor. Sie erfanden sich neu, um den sich ändernden musikalischen Zeiten gerecht zu werden, und setzten ihre Studioarbeit und Tourneen in den 1980er Jahren fort, wobei Jagger und Richards auch außerhalb der Gruppe Soloprojekte durchführten.

Die Rolling Stones touren und nehmen weiterhin auf, und Richards behält immer noch die Rolle als Songwriter und Performer, die er seit Jahrzehnten in der Gruppe inne hat. Richards wurde 1993 in die Songwriters Hall of Fame aufgenommen und veröffentlichte 2010 seine Autobiographie Life.

Richards' Spielstil ist ökonomisch und hauptsächlich bluesbasiert, mit klaren Einflüssen von seinen Helden, wie Chuck Berry. Er spielt selten ausgedehnte Soli mit einzelnen Noten, sondern verwebt sein Spiel mit den anderen Musikern der Gruppe. Seine häufig mit offener G-Stimmung versehenen Gitarren und sein cleverer Einsatz von Dreiklängen, pentatonischen Tonleitern und minimalen Akkordstrukturen treten oft an die Stelle des sonst üblichen mit einzelnen Noten gespielten Rock-Solos. Er setzt auch regelmäßig Double-Stops im Chuck Berry-Stil in seinem Spiel ein.

Keith Richards wird am häufigsten mit der Fender Telecaster Gitarre in Verbindung gebracht. Obwohl er auch andere berühmte Gitarren wie Gibson Les Pauls verwendet hat, ist es die Telecaster, die seinen typischen Rolling Stones-Sound verkörpert.

Was Verstärker angeht, scheint seine reguläre Wahl auf Fender-Röhren Combos zu fallen, obwohl er im Laufe der Jahre mit verschiedenen Marken experimentiert und über zwei gleichzeitig gespielte Verstärker aufgenommen hat. Verschiedene Rolling Stones-Aufnahmen zeugen von Richards Gebrauch von Effektgeräten, aber selten so stark, dass sie den grundlegenden Gitarrensound dominieren. Dazu gehören Fuzz-Pedale, Phaser und Tape-Delays.

Hörempfehlung

Rolling Stones – Beggars Banquet

Rolling Stones – Exile on Main Street

Rolling Stones – Sticky Fingers

Rolling Stones – Tattoo You

Du musst für die ersten beiden Keith Richard Licks auf offene G-Stimmung stimmen. Von der tiefen E-Saite zur hohen E-Saite ist das D G D G B D. Diese Stimmung wurde von Richards bei vielen Songs verwendet, insbesondere Honky Tonk Woman, Brown Sugar und Start Me Up.

Keith Richards hatte einen äußerst rhythmischen Ansatz für sein Lead Spiel und zog es vor, sich in den Track einzubringen, anstatt im Mittelpunkt zu stehen.

Achte besonders auf das Picking und die Dynamik dieses Licks und halte den Double-Stop für den gesamten Schlusstakt gedrückt.

Beispiel 6a:

Einfach und doch effektiv. Diese Figur ist ebenfalls in offener G-Stimmung und nutzt Spielraum zusammen mit einer leicht unvorhersehbaren rhythmischen Platzierung, um Interesse zu wecken. Richards ist ein Meister des Hinzufügens von Feinheiten zu einem Track und nicht einer, der als typischer Lead-Gitarrist das Rampenlicht sucht.

Er verleiht dem Ende des Licks ein wenig Höhenlastigkeit mit Noten, die sorgfältig aus dem G-Dur-Akkord ausgewählt wurden. Versuche, die Linie so rhythmisch laid-back wie möglich zu spielen, um den vollen „Keef"-Effekt zu erzielen!

Beispiel 6b:

Beispiel 6c führt uns zurück zur Standardabstimmung und zeigt einige typische Chuck Berry-ähnliche Double-Stops. Beachte, dass die Double-Stops *stakkato* gespielt werden (kurz und abgestoppt), während jeder Bend ausklingt. In Takt Zwei können die Bends mit dem 3. und 4. Finger gespielt werden. Der letzte G-Dur-Akkord in Takt Drei beinhaltet einen bluesigen Hammer-On-Effekt, den du mit Bedacht greifen solltest.

Beispiel 6c:

Mehr gezogene Double-Stops mit laid-back Phrasierung, die sich perfekt in den Rhythmusteil einfügen, um den Track voranzutreiben. Verwende wieder den dritten und vierten Finger in Takt Eins und den 3. und 1. Finger in Takt Zwei. Achte auch auf die dynamischen Markierungen, um die volle Wirkung der Figur zu erzielen.

Beispiel 6d:

Beispiel 6e ist eher ein traditioneller Solo-Lick. Er erinnert in mancher Hinsicht an eine Lap-Steel-Country-Melodie und hat Blueseinflüsse des tiefen Südens der USA. Der gesamte Lauf basiert auf Intervallen von mit Slides gespielten Terzen.

Benutze die Finger 2 und 1 bis zur letzten Zählzeit von Takt Zwei, dann greife mit Finger 3 und 1 ein kleines Barré vor dem Hammer-On in Takt Drei.

Beispiel 6e:

Carlos Santana

Carlos Santana wurde 1947 in Jalisco, Mexiko, geboren, zog aber später mit seiner Familie nach San Francisco. Er begann im überraschend jungen Alter von 5 Jahren mit dem Geigenunterricht und wechselte einige Jahre später unter der Anleitung seines Vaters, der ein Mariachi-Musiker war, zur Gitarre. Sein jüngerer Bruder Jorge wurde ebenfalls professioneller Gitarrist.

Santanas früheste Einflüsse waren populäre Bluesmusiker der 1950er Jahre wie B.B. King, Albert King, T-Bone Walker und John Lee Hooker, und er hörte auch Jazz und Folkmusik.

1966 ergab sich für Santana die Gelegenheit, im Fillmore West aufzutreten, das vom legendären US-Promotor Bill Graham geleitet wurde. Viele im Publikum bemerkten seine spielerischen Fähigkeiten. So zog seine eigene Gruppe schnell eine große Fangemeinde in der Clubszene von San Francisco an, die 1969 mit einer Einladung zu einem Auftritt in Woodstock mündete.

Mit Santanas energiegeladenem Auftritt bei Woodstock begann eine lange Karriere für den Gitarristen. Er erregte die Aufmerksamkeit von Columbia Records und seine Gruppe (damals noch Santana Blues Band genannt) unterschrieb in der Folge einen Plattenvertrag. Die Band veröffentlichte ihr erstes Album nach dem Woodstock-Auftritt und die Aufmerksamkeit, die sie durch das Spielen auf dem Festival erlangte, trug zu ihrer wachsenden Popularität bei.

Santanas Verschmelzung von lateinamerikanischen Rhythmen und Rockmusik brachte ihm und seiner Gruppe viel Anerkennung, und in den 1970er Jahren veröffentlichte er eine Reihe von Aufnahmen in unterschiedlichen Besetzungen. Santana interessierte sich auch für östliche Philosophie und Meditation sowie Jazz-Fusionsmusik, was sich in seinen damaligen Aufnahmen widerspiegelte.

In den 1980er und frühen 1990er Jahren begann Santana kommerziell verwertbares Material zu produzieren und trotz eines Rückgangs der Plattenumsätze tourte die Gruppe und nahm weiterhin regelmäßig auf. Ein großer Aufschwung kam 1999, als Santana das erfolgreiche Album Supernatural herausbrachte, auf dem neben einer Reihe von Kollaborationsprojekten mit jüngeren Künstlern auch die Hitsingle Smooth mit Rob Thomas zu hören war. Dies war ein Riesenhit für die Band und Santana kehrte zum kommerziellen Erfolg zurück.

Santana hat seine Formel der musikalischen Zusammenarbeit mit zeitgenössischen Künstlern mit Erfolg fortgesetzt. Er hat auch wieder mit verschiedenen Gründungsmitgliedern seiner Gruppe aufgenommen und bis 2017 insgesamt 24 Studioalben veröffentlicht.

Santanas Spielstil ist hauptsächlich durch lang gehaltene Töne in Verbindung mit schnellen Skalenläufen gekennzeichnet. In seinen Soli verwendet er hauptsächlich Pentatonik- und Blues-Tonleitern, aber auch exotischere Tonleitern wie das Harmonisch-Moll. Sein Rhythmuskonzept ist feinfühlig und bildet eine perfekte Kombination mit den oft engmaschigen Drum- und Percussion-Passagen seiner Musik. Er ist ein Meister des Saiten-Bendings und bevorzugt viele der Techniken, die von anderen Rockgitarristen verwendet werden, wie Unisono-Bends, Double-Stops und eine singende Vibrato-Technik.

Nachdem er in seiner frühen Karriere eine Vielzahl verschiedener E-Gitarren ausprobiert hatte, darunter die Gibson SG und Gibson Les Paul, blieb er bei der Yamaha SG-Serie, bis er Anfang der 80er Jahre begann, PRS-Gitarren zu verwenden. Das Unternehmen produziert nun ein Santana-Modell nach seinen Vorgaben.

Santana war einer der ersten professionellen Gitarristen, der in den 1970er Jahren erstmals mit Mesa Engineering zusammenarbeitete. Mesa Boogies sind satte und komprimiert klingende Verstärker und sind eine tragende Säule seines charakteristischen nachhaltigen Gitarrensounds. Er verwendet einige Effekte wie Wah-Wah und Chorus in seiner Live-Arbeit, aber der Hauptklang, den man von Santana hört, entsteht hauptsächlich durch seine Gitarre und seinen Verstärker.

Hörempfehlung

Santana – Blues for Salvador

Santana – Moonflower

Santana – Abraxas

Santana – Supernatural

Das erste Santana-Beispiel basiert auf der natürlichen A-Moll-Tonleiter für die Takte Eins und Zwei, mit einer kleinen Wende zur harmonischen A-Moll-Tonleiter in Takt Drei, die durch das Spielen des G# (9. Bund auf der B-Saite) signalisiert wird.

Beginnend in ‚The B.B. Box' (B.B. Kings Lieblingsform der Moll-Pentatonik) benutze deinen 1. Finger für den leichten Bend im zweiten Takt.

Beispiel 7a:

Es gibt ein paar schnelle Positionsverschiebungen in der nächsten Figur, also zögere nicht, bei Bedarf den Fingersatz zu verändern. Verwende im Auftakt die Finger 1 und 2 auf den Tönen der hohen E-Saiten und tausche schnell deinen 2. gegen den 1. Finger, um die Hammer-Ons in Takt Zwei zu spielen.

Ein weiterer schneller Positionswechsel bringt dich bis zum 12. Bund für eine ungewöhnliche Triolen-Feel-Phrase vor dem Höhepunkt, dem Bend am 13. Bund: typisch für Santanas Spiel. Füge der letzten Note ein kräftiges Vibrato hinzu. Achte darauf, dass du viel Kompression und Sustain auf deiner Gitarre hast, um den authentischen Santana-Sound zu erhalten.

Beispiel 7b:

Beispiel 7c dreht sich wieder um den Wechsel von A-Moll-Pentatonik auf dem Am-Akkord zu einer A-Harmonisch-Moll-Tonleiter (E-Phrygisch Dominant) auf dem E7-Akkord. Diesmal ist der Wechsel zu Harmonisch-Moll jedoch etwas subtiler, da der Lauf auf die b9 des E7-Akkords (F) abzielt und nicht auf die Terz (G#), wie wir es zuvor in Beispiel 7a gesehen haben.

Technisch gesehen gibt es hier nichts allzu Anspruchsvolles … konzentriere dich einfach auf solide Phrasierung und Vibrato.

Beispiel 7c:

Beispiel 7d enthält ein weiteres Santana Kennzeichen; schnelles Tremolo-Picking. Halte die anschlagende Hand während des Aufstiegs durch die A Harmonisch-Moll-Tonleiter in Takt Drei entspannt. Der schwierigste Teil ist das Treffen der wechselnden Noten, die nicht auf die Zählzeit fallen. Dies ist ein wichtiges Merkmal des Laufs, also versuche nicht, dies zu umgehen und die Melodie abzuändern.

Lerne jeden Übergang langsam mit einem Metronom, bevor du ihn beschleunigst, und verwende deinen Hals-Pickup für den wärmsten Ton, den du bekommen kannst.

Beispiel 7d:

Hier ist ein weiteres Beispiel dafür, wie die Verwendung einiger wiederholter Noten den einprägsamsten Teil eines Gitarrensolos bilden kann. Santana erzeugt ein Gefühl der Beschleunigung in Takt Zwei, indem er das Bending auf der B-Saite doppelt anschlägt und gleichzeitig in einem gleichmäßigen, engen Rhythmus bleibt. Ein weiterer Lick, der am besten auf deinem Hals-Pickup gespielt wird, für einen authentischen Santana-Sound.

Beispiel 7e:

Tony Iommi

Frank Anthony Iommi wurde 1948 in Birmingham, England, geboren und ist vor allem als Leadgitarrist und Gründungsmitglied der aufstrebenden englischen Heavy Metal Gruppe Black Sabbath bekannt. Iommi besuchte die Grundschule zusammen mit seinem zukünftigen Bandkollegen Ozzy Osbourne, der ein Jahr hinter ihm war. Aufgewachsen in einer rauen (und oft gewalttätigen), von Banden dominierten Nachbarschaft, trainierte Iommi Kampfkünste wie Judo und Karate und später auch Boxen als Mittel zur Verteidigung.

Iommi wollte Türsteher werden, entdeckte aber seine Liebe zur Musik, indem er zuerst Schlagzeug und dann Gitarre spielte. Er war besonders von Hank Marvins Spiel mit den Shadows beeinflusst. Als er im Alter von 17 Jahren in einer Fabrik arbeitete, erlitt er einen schrecklichen Unfall und verlor die Spitzen seines Mittel- und Ringfingers und erhielt die Nachricht, dass er nie wieder Gitarre spielen würde. Iommi war verzweifelt über die Nachricht, aber er lernte die Musik des Zigeuner-Jazzgitarristen Django Reinhardt kennen (der bei einem Feuer zwei Finger verloren hatte) und war erstaunt darüber, dass sie trotz der Verletzung spielbar war. Dies inspirierte ihn zum Weiterspielen und er konstruierte Fingerhüte aus eingeschmolzenen, mit Leder überzogenen Kunststoffflaschen, die er an seinen Fingern befestigen konnte.

Iommi arbeitete trotz seiner Verletzungen weiter, spielte mit lokalen Bands und begann die Zusammenarbeit mit dem Schlagzeuger Bill Ward. Als Antwort auf eine lokale Musikanzeige schlossen sich die beiden mit dem Sänger Ozzy Osbourne zusammen und nach einer Namensänderung von Earth in Black Sabbath begann die Band ihre Karriere ernsthaft. Iommi und Osbourne entwickelten sich zu den wichtigsten Songwritern, wobei Iommi sich um ihre Shows als auch ihre Proben kümmerte.

Ihre ersten Alben aus den 1970er Jahren gelten als Heavy Metal-Klassiker und zeigen Iommis Gitarre, die von der normalen Stimmung heruntergestimmt ist, um seinen Fingern nicht zuviel zuzumuten und gleichermaßen eine dunkle, bedrohliche Qualität seines Sounds zu schaffen. Das Herunterstimmen ist bei modernen Heavy Metal Bands bis heute beliebt. Klassische Black Sabbath Songs aus dieser Zeit sind Children of the Grave, Iron Man und Paranoid.

Ende der 70er Jahre forderten Erschöpfung, Drogenmissbrauch und Managementkonflikte ihren Tribut von der Band und Osbourne wurde 1979 gefeuert, um durch den ehemaligen Rainbow-Sänger Ronnie James Dio ersetzt zu werden. Sabbath wurde in den 1980er Jahren von zahlreichen Austritten von Bandmitgliedern heimgesucht, und mehrere bekannte Rocksänger übernahmen in dieser Zeit die Rolle von Osbourne. Erst in den 90er Jahren kam die ursprüngliche Besetzung wieder zusammen.

In den 2000er Jahren arbeitete Iommi mit Ronnie James Dio in der Gruppe Heaven and Hell. Es gab auch mehr Zusammenarbeit mit Osbourne, obwohl beide zwischendurch auch eine Zeit lang in einen Rechtsstreit verwickelt waren. Ein Jahr nach Beginn einer Abschiedstournee spielte die Band am 4. Februar 2017 ihr letztes Konzert in ihrer Heimatstadt Birmingham. Iommi hat jedoch erklärt, dass er nicht ausgeschlossen hat, dass es in Zukunft neues Material oder einmalige Shows unter dem Namen Black Sabbath geben wird.

Tony Iommis Spiel bietet viele Techniken und Ansätze, die anderen Rock- und Heavy Metal-Gitarristen gemeinsam sind, wie z. B. schnelle pentatonische Muster und heftige Saiten-Bends, sich wiederholendete Hammer-Ons und Pull-Offs sind in seinem Solo-Werk ebenso selbstverständlich wie Ostinatopassagen, um Spannung und Dramatik in seiner Musik zu erzeugen.

Tony Iommi wird mit der Gibson SG und den Instrumenten des Birminghamer Gitarrenbauers John Diggins (Jaydee Guitars) in Verbindung gebracht, die um bis zu drei Halbtöne herunter gestimmt sind. Diese Gitarren werden entweder an einen Marshall oder Laney Verstärker angeschlossen, zusammen mit 4x12 Boxen, um seinen charakteristischen verzerrten Ton zu erzeugen. Er verwendet gelegentlich Chorus-, Delay- und Wah-Wah-Pedale, ist aber im Allgemeinen kein Spieler, der stark auf Effekte angewiesen ist.

Hörempfehlung

Black Sabbath – Paranoid

Black Sabbath – Technical Ecstasy

Black Sabbath – Heaven and Hell

Black Sabbath – Seventh Star

Iommis Soli sind oft harmonisch einfach und bauen auf sich wiederholenden melodischen Ideen auf. Das erste Beispiel basiert auf der A-Moll-Pentatonik Tonleiter und einer in Sequenzen absteigenden Linie. Beachte, wie sich die Form der zweiten Hälfte von Takt Eins in Takt Zwei wiederholt. Tauche mit deinem Plektrum ab und denke an Heavy-Metal!

Beispiel 8a:

Iommi blieb oft in der Mitte der Moll-Pentatonik-Box hängen und das sieht man dem Lick unten an. Es beginnt mit einem Hendrix-ähnlichen Bend (wenn auch im Vergleich etwas konventioneller klingend), wird aber durch das gezogene Triolen-Feeling in der zweiten Hälfte des ersten Taktes wirklich lebendig. Der zweite Teil der Triole fordert dich in Zählzeit 3, also höre dir das Audiomaterial genau an, um das richtige Timing zu erhalten.

Achte darauf, dass du bei jedem Bend die richtige Tonhöhe triffst, denn schlampiges Spielen verdirbt diesen Lick schnell.

Beispiel 8b:

Iommi erzeugt in Beispiel 8c ein Gefühl der Verlangsamung und des Ziehens gegen die Zählzeit. Dies geschieht, indem er von 1/16tel Noten über den Verlauf eines Taktes zu Triolen und zu 1/8tel Noten übergeht. Trotz seiner körperlichen Einschränkungen war er ein Meister der Kontrolle seines Rhythmus und seines Gefühls.

Es gibt hier nichts allzu technisch Herausforderndes, aber das Gefühl, hinter der Zählzeit zu sein (besonders in Takt Eins), kann sorgfältige Übung erfordern. Achte auch auf den schnellen Positionswechsel in der Mitte von Takt Eins. Beachte, dass der Lick nicht auf der Zählzeit 1 beginnt, sondern erst nach der 1/16 Pause.

Beispiel 8c:

Der folgende Lauf verwendet das pentatonische Griffbild auf eine andere Weise; eher als eine Reihe von fast geometrischen Formen, um über das Griffbrett zu navigieren. Die Spannung wird im ersten Takt durch die 1/16. Note aufgebaut, die in den gepinchten Obertönen am oberen Ende der Melodie ihren Höhepunkt findet. Benutze die Finger 1 und 3 durchweg, um die Hammer-Ons zu spielen. Konzentriere dich darauf, dass die gehämmerten Noten die gleiche Lautstärke haben wie die angeschlagenen.

Beispiel 8d:

Der letzte Lick ist ziemlich anspruchsvoll. Unter Verwendung der gleichen Ideen innerhalb der Skalenbox-Form wird Iommi wieder kreativ im Rhythmus, indem er einen Zwei-gegen-Drei Cross-Rhythmus in den Triolen verwendet. Jede Zählzeit wird in Triolen betont, aber jedes melodische Fragment ist eine Gruppe von Zweien. Dadurch entsteht ein leicht desorientierender rhythmischer Effekt, der durch die schnellen Noten noch verstärkt wird.

Der Lick verlangsamt sich in Takt Zwei, bevor er durch die Reihe von sich wiederholenden Saiten-Bends erneut an Dynamik gewinnt.

Beispiel 8e:

Ritchie Blackmore

Richard Hugh Blackmore wurde 1945 in Somerset, England, geboren und begann mit dem Gitarrenspiel, nachdem ihm sein Vater im Alter von 11 Jahren ein Instrument geschenkt hatte und wurde ermutigt, als Bedingung für den Erhalt der Gitarre klassischen Gitarrenunterricht zu nehmen, interessierte sich aber schnell mehr für die Interpreten der 1950er und frühen 1960er Jahre. Nach einer eher unglücklichen Schulzeit nahm er bei dem hoch angesehenen englischen Session-Gitarristen Big Jim Sullivan weiteren Gitarrenunterricht und sein Spiel zog schnell die Aufmerksamkeit anderer gleichgesinnter junger Musiker auf sich.

Für den Großteil der frühen bis mittleren 1960er Jahre verfeinerte Blackmore seine spielerischen Fähigkeiten in einer Vielzahl von tourenden Bands, die oft nach Europa gingen und bekannte Künstler wie Jerry Lee Lewis begleiteten. Er nahm auch eine größere Anzahl von Studioaufträgen wahr, vor allem für den Produzenten Joe Meek.

Sein Ruf als exzellenter Musiker eilte ihm bald voraus (vor allem als flüssiger Improvisierer und dynamischer Bühnenkünstler) und so wurde Blackmore 1968 angesprochen, zusammen mit dem Organisten Jon Lord und dem Schlagzeuger Ian Paice bei den noch neuen Deep Purple mitzumachen. Ursprünglich eine Mischung aus Pop-Songs der späten 60er Jahre und experimenteller Instrumentalmusik, schienen die frühen Deep Purple Schwierigkeiten zu haben, ihre musikalische Identität zu finden, und entließen schließlich ihren ursprünglichen Sänger und Bassisten, um ihren Sound zu ändern.

Blackmores wachsendes Interesse an Hard Rock und ausgedehnten instrumentalen Improvisationen wurde schließlich zur dominierenden musikalischen Kraft innerhalb der Band, und mit einem neuen Sänger und Bassgitarristen begann Deep Purple, eine Reihe von klassischen Hard Rock-Alben aufzunehmen, begleitet von endlosen Touren, die sie zu internationalen Stars machten und ihnen viel Anerkennung für ihre Live-Shows brachten.

Nach einem zweiten Besetzungswechsel 1973 machten sie weiter mit immer mehr Tourneen und Aufnahmen, bis Blackmore, der sich mit der wechselnden musikalischen Ausrichtung der Band nicht mehr wohl fühlte, Ende 1975 schließlich aufhörte und Rainbow gründete, die Gruppe, bei der er durch mehrere Besetzungswechsel blieb, bis er Mitte der 80er Jahre wieder zu Deep Purple kam. 1993 verließ er Deep Purple erneut, reformierte Rainbow kurzzeitig bevor er eine lange Zusammenarbeit mit seiner neuen musikalischen Partnerin (und seiner Frau) Candice Night in der von der Renaissance beeinflussten akustischen Folkloregruppe Blackmore's Night begann. In jüngster Zeit hat er wieder begonnen, Hard Rock zu spielen, mit einer Reihe von Konzerten, die sowohl Rainbow- als auch Deep Purple-Songs beinhalteten.

Ritchie Blackmore wird häufig mit dem Spielen von Fender Stratocasters in Verbindung gebracht, obwohl er für einen Großteil seiner frühen Karriere eine Gibson ES-335 bevorzugte, bevor er Anfang der 1970er Jahre zu Fender wechselte. Er hat den Hals an seinen Stratocasters zwischen den Bünden ausgehöhlt und diese Idee wurde von anderen Hardrock-Gitarristen wie Yngwie Malmsteen kopiert. Blackmore, ein leidenschaftlicher Verfechter der intensiven Verwendung des Tremoloarms bei Stratocasters, war auch berühmt dafür, dass er sie in den frühen Deep Purple-Tagen zerschmettert hat.

Nachdem Blackmore seine Spielkarriere mit kleineren leistungsarmen Comboverstärkern begonnen hatte, wandte er sich schnell Marshall-Verstärkern zu und war langjähriger Nutzer verschiedener 100- und 200-Watt-Marshall-Topteilen in Verbindung mit 4x12 Boxen. In den letzten Jahren hat er kleinere Signature-Combo-Verstärker der Firma Engl in Deutschland verwendet. Blackmore wurde in seiner Spielkarriere nicht sehr stark mit Effektgeräten in Verbindung gebracht, aber gelegentlich benutzte er ein Tonband-Gerät als Vorverstärker und für einige Delayeffekte. Blackmores Sound ist voll und klar und im Vergleich zu anderen Hard Rock Spielern nicht allzu verzerrt. Er verwendet hauptsächlich die Hals- und Steg-Pickups seiner Stratocaster, anstatt irgendwelche dazwischenliegende Pickup-Kombinationen zu verwenden.

Wie bei vielen Rockgitarristen ist Blackmores ausdrucksstarker Spielstil durch eine freie Verwendung von Pentatonik- und Blues-Skalenmustern gekennzeichnet, aber er bevorzugt auch andere weniger verbreitete Tonleitern, wie z.B. Harmonisch-Moll. Er nutzt häufig Techniken wie Tremolo-Picking und weite Saiten-Bends, gepaart mit einem sehr markanten Vibrato. Viele seiner bekannteren Soli sind Arpeggien mit einem ausgeprägten Barockgeschmack, da er sich für verschiedene Formen der klassischen Musik interessiert.

Hörempfehlung

Deep Purple – In Rock

Deep Purple – Machine Head

Deep Purple – Made in Japan

Rainbow – Rainbow Rising

Der erste Blackmore-Lick ist eine geradeaus gespielte D-Moll Pentatonische Figur, die Saiten-Bends verwendet, um einen fast vokalen Charakter aufzubauen. Es gibt hier nichts allzu Komplexes, obwohl das Tempo recht fordernd ist. Achte darauf, dass der Lick auf Zählzeit 4 des Auftakts beginnt, und stelle sicher, dass du den schnelleren Pull-Off triffst. Halte dich durchweg an die Finger 1 und 3, obwohl du die erste Note vielleicht mit dem zweiten Finger spielen möchtest.

Beispiel 9a:

Beispiel 9b ist eine schnelle, sich wiederholende Figur mit anspruchsvollem Timing, die ein klassischer Blackmore ist. Wenn du so etwas notiert siehst, konzentriere dich darauf, die erste Note jeder Zählzeit an der richtigen Stelle zu treffen, und der Rest der Noten neigt dazu, sich selbst einzureihen. Höre dir das Stück an und versuche das Gefühl dafür zu bekommen, wo auch die etwas längeren Noten liegen. Dies ist eine schnelle Linie, also hab Geduld, verlangsame sie, um sie genau zu lernen.

Beispiel 9b:

Beispiel 9c ist ein weiterer schneller Lauf, aber er ist eigentlich nicht so kompliziert, wie du vielleicht denkst. Er klingt wegen all der offenen Saiten sicherlich schneller als er ist. Der Lick basiert auf einer absteigenden D-Äolisch Tonleiter und der einzige knifflige Griff ist in Takt Eins. Spiele die Bünde 17., 15. und 13. mit dem zweiten Finger und mache einen Pull-Off zum ersten Finger für die erste Note auf dem 12. Bund. Wenn du die zweite Note auf dem 12. Bund spielst, verwende deinen zweiten Finger.

Beispiel 9c:

Das nächste Beispiel zeigt Ritchie Blackmores klassischen Einfluss und basiert auf einer aufsteigenden äolischen Tonleiter in kompakt angeschlagenen Triolen. Es ist eine auf den Höhepunkt führende Idee, die perfekt für das Ende eines Solos geeignet ist. Die Griffweise ist bis auf die letzten paar Töne recht einfach. Wechsel zu deinem ersten und zweiten Finger für die letzten drei Noten von Takt Fünf.

Der größte Anspruch dieses Laufs besteht darin, bei dieser Geschwindigkeit einen konstanten Rhythmus in den Triolen zu halten. Versuche, die erste Note jeder Dreiergruppe anzuschlagen und die anderen beiden mit Hammer-Ons zu spielen. Alternativ kannst du auch versuchen, jede Note in dieser Phrase in einem Malmsteen-ähnlichen Ansatz anzuschlagen.

Beispiel 9d:

Das letzte Beispiel ist eine absteigende D-Dorische Linie, die nach einer ausdrucksstarken pentatonischen Einleitung gespielt wird und an Jimi Hendrix erinnert. Beachte die geschickte Verwendung der B-Note (die erste Note im 12. Bund in Takt Zwei), um einen freundlicheren Klang zu erzeugen als die häufigere B-Note (äolisch). Diese zusätzliche Tonhöhe hält die starken Noten im Takt, und die hinzugefügte b5 (13. Bund auf der G-Saite) verleiht dieser ansonsten klassischen Hardrock-Linie eine bluesige Qualität. Versuche deinen Tremoloarm für das Vibrato der letzten Note zu verwenden.

Beispiel 9e:

Duane Allman

Howard Duane Allman wurde 1946 in Nashville, Tennessee, geboren. Seine frühe Jugend war schwierig; nach dem tragischen Mord an seinem Vater wurde er mit seinem Bruder Gregg auf ein Militärinternat geschickt. 1957 zog die Familie schließlich nach Florida, und während ihrer Sommeraufenthalte in Nashville bei seiner Großmutter begann Gregg Allman zunächst Gitarre zu lernen, was bald auch für Duane zur Leidenschaft wurde. Inspiriert von einem B.B. King Konzert, nahmen beide Brüder es ernst, Musik als Karriere zu verfolgen, und Duane erhielt schließlich seine erste Gibson-Gitarre (eine Les Paul Jr.) als Geschenk von seiner Mutter.

Duane und sein Bruder begannen Anfang der 1960er Jahre in einer Vielzahl von lokalen Bands zu spielen und arbeiteten schließlich mit tourenden Gruppen wie den Allman Joys (später Hour Glass) und anderen. Die Brüder nahmen zwei Alben mit Hour Glass auf, und nach einer kurzen Zeit in LA kehrte die Gruppe nach Florida zurück. Nachdem Hour Glass 1968 aufgelöst wurde, wandte sich Duane der Slide-Gitarre zu und perfektionierte diesen Stil schnell. Zu dieser Zeit wurde er auch gebeten, auf Wilson Picketts Version der Beatles Hey Jude zu spielen, wo er dem Track herausragende Gitarrenläufe hinzufügte. Dies erregte die Aufmerksamkeit von Atlantic Records, die ihn später als Studiogitarristen einstellten. Allman spielte auf vielen Muscle Shoals Sessions mit einer Vielzahl von Musikern und sein Ruf wuchs.

Die Studioarbeit war nicht das ideale musikalische Ventil für Allman, und auf der Suche nach einer Band, die seine musikalischen Ambitionen erfüllen würde, begann er, eine Besetzung zusammenzustellen, die schließlich The Allman Brothers Band werden sollte. Die Gruppe gründete sich offiziell Anfang 1969 und nahm nur wenige Monate später nach vielen Proben und Auftritten ihr erstes Album auf. Die Allman Brothers Band verschmolz bei ihren Live-Auftritten Elemente aus Rock, Blues und Jazz, was auf ihrer 1971er Veröffentlichung Live at the Fillmore East perfekt eingefangen wurde. Allmans Gitarrenspiel war zu diesem Zeitpunkt sowohl auf der Slide- als auch auf der normalen E-Gitarre spektakulär flüssig, und es fiel Eric Clapton auf, der ihn bat, auf dem legendären Layla-Album zu spielen (es ist Allmans hervorragende Slide-Arbeit, die am Ende des Titeltracks zu hören ist).

Leider wurde Allmans Karriere durch seinen Tod bei einem Motorradunfall im November 1971 im Alter von 24 Jahren tragisch beendet, und obwohl die Allman Brothers Band nach seinem Tod viele Jahre lang weitermachte, gilt seine frühe Arbeit mit der Band für viele immer noch als ihre beste.

Allmans Spielstil war außergewöhnlich anpassungsfähig und ist wahrscheinlich einer der Gründe, warum er in seiner frühen Karriere so viel Studioarbeit geleistet hat. Er war mit Blues-, Rock-, Pop- und Soulmusik gleichermaßen vertraut, und seine Fähigkeit, zwischen Normal- und Slide-Gitarre zu wechseln, steigerte seine Vielseitigkeit nur noch. In seinem Spiel verwendete er Pentatonik, Blues und eine Vielzahl von modalen Tonleitern, die zeitweise an Improvisationen im Jazz-Stil grenzten. Sein Slide-Gitarrenspiel hat viele Spieler in der Southern-Rock-Tradition inspiriert und tut dies auch weiterhin mit Gitarristen wie Derek Trucks.

Duane Allman wird am häufigsten mit Gibson Les Paul Standards in Verbindung gebracht, verwendete aber auch Fender Stratocasters und Gibson SGs wegen ihrer unterschiedlichen Klangeigenschaften. Für seine Slide Arbeit bevorzugte er die Coricidin-Medizinfläschen aus Glas (Produktion schon lange eingestellt) wegen des sanften Klangs, den sie erzeugten.

Seine Verstärker reichten von Marshall 50-Watt-Topteilen und 4x12 Boxen bis hin zu kleineren leistungsarmen Fender-Combos, insbesondere für saubere oder leicht übersteuerte Töne. Es wird gemunkelt, dass er einen kleinen Fender Champ Combo für die berühmten Layla Sessions mit Eric Clapton benutzte. Seine Effektverwendung war minimal, obwohl er einen Fuzz Face Verzerrer und gelegentlich ein Maestro Echoplex Tape Delay für die Studioarbeit verwendete.

Hörempfehlung

Allman Brothers Band – Idlewild South

Allman Brothers Band – At Fillmore East

Retrospective – Anthology

Derek and the Dominoes – Layla and Other Assorted Love Songs

Die erste Linie ist ein wenig irreführend. Auf dem Papier sieht sie ziemlich einfach aus, aber der 6/4-Takt macht die Phrasierung nicht ganz so, wie man es erwarten würde. Im Wesentlichen handelt es sich um eine absteigende mixolydische Linie, die durch die Phrasierung und Bends lebendig wird. Spiele diese Linie mit besonderer Aufmerksamkeit zu dem Backing-Track und versuche, die Phrasierung nicht zu eilig zu spielen.

Beispiel 10a:

Der folgende mixolydische Lauf funktioniert vor allem, weil er eine traditionelle Moll-Pentatonik in eine neue modale Form verwandelt. Oftmals erwartet man, dass das Ziehen der hohen E-Saite auf dem 13. Bund (Moll Terz) gespielt wird, aber hier spielt Allman stattdessen den 12. Bund (natürliche None) und zieht zur Dur-Terz für einen freundlicheren Klang. Die letzten Takte kehren zu einer bluesigen Moll-Terz auf der hohen E-Saite zurück.

Beispiel 10b:

Noch eine spacige Linie. Nichts allzu Schwieriges, aber man beachte, wie die mixolydische Linie entlang des Griffbretts gespielt wird, nicht in einer horizontalen Position, wie es viele Gitarristen vielleicht tun. Dieser lineare Ansatz ermöglichte es Allman, aus den traditionellen Skalenfeldern auszubrechen und sich mit der Melodie zu verbinden, anstatt nur Skalen auf und ab zu spielen. Beachte, dass das Vibrato nicht zu heftig ist, gerade genug, um die Dinge melodisch und gefühlvoll zu halten.

Beispiel 10c:

Es wird Zeit, nach dem Slide zu greifen und die Gitarre auf ein offenes G umzustimmen, genau wie Keith Richards. Versuche, einen Glas-Slide für den authentischsten Duane Allman-Ton zu verwenden. Wir würden Allman nicht gerecht werden, wenn es nicht zumindest ein paar Slide-Licks gäbe, also schauen wir uns den ersten unten an.

Ich trage den Slide gerne auf meinen dritten Finger und dämpfe mit dem zweiten Finger die Saiten hinter dem Slide leicht, um unerwünschte Obertöne und Geräusche zu stoppen. Achte darauf, dass die Saiten nicht zu stark nach unten gedrückt werden, denn dann kann es leicht disharmonisch klingen. Beim Slide-Spiel befindet sich die richtige Position für die Note *direkt* über dem Bunddraht, nicht zwischen den Bünden, wo du normalerweise greifen würdest. Vibrato entsteht, indem der Slide hin und her bewegt wird. Schon einiges, woran man beim Spielen denken muss, obwohl es zunächst wie eine ziemlich einfache Linie auf dem Papier aussieht.

Beispiel 10d:

Beim zweiten Slide-Lick wird ein wenig mehr angeschlagen. Achte auf den Akkord in Takt Zwei. Auch hier ist die Intonation alles, also berühre die Saite mit dem Slide direkt über dem Bunddraht bei jeder Note. Nutze mit deiner anschlagenden Hand deine Finger für diese Licks, da sie in Verbindung mit dem Slide einen wärmeren Klang erzeugen.

Beispiel 10e:

Paul Kossoff

Paul Francis Kossoff, 1950 in London, England, geboren, lernte ab etwa 9 Jahren klassische Gitarre, verlor aber das Interesse und beendete den Unterricht kurz darauf. Als junger Teenager erwachte seine Leidenschaft für die Gitarre erneut durch ein wachsendes Interesse an der Bluesmusik und fühlte sich dem Spiel englischer Bluesmusiker wie Eric Clapton hingezogen. 1965 erwies sich ein Live-Auftritt von Clapton mit John Mayall's Blues Breakers als entscheidend, um Kossoff davon zu überzeugen, die Musik als Karriere zu verfolgen und er begann mit lokalen Gruppen zu arbeiten, während er Unterricht auf der elektrischen Gitarre nahm. Er arbeitete eine Zeit lang in Selmers Music Store in London, wo er auf den legendären US-Gitarristen Jimi Hendrix stieß, der für ihn zu einer großen Inspiration wurde.

Kossoff gründete seine erste Band, Black Cat Bones mit Drummer Simon Kirke und als sie sich trennten, gründeten Kossoff und Kirke Free mit dem Bassisten Andy Fraser und dem Sänger Paul Rodgers. Free veröffentlichte ihre ersten beiden Alben in den Jahren 1968 und 1969 und obwohl Kossoffs reifes Gitarrenspiel einer der unverwechselbarsten Rock/Blues-Spielstile seiner Generation war, erhielten beide Alben nur lauwarmes Feedback von Kritikern. Free hielten jedoch durch und mit pausenlosem Touren bauten sie eine treue Fangemeinde auf. Trotzdem und vielleicht aus Angst vor einem Mangel an kommerziellem Erfolg mit der Band begann Kossoff, nach anderen musikalischen Möglichkeiten zu suchen. Der plötzliche und massive Erfolg der Single All Right Now von ihrem Fire and Water Album 1970 veränderte alles und machte sie schlagartig zu Stars. Kossoff blieb für ein weiteres Album bei der Gruppe, bevor sie, erschöpft von ihrem endlosen Arbeitsplan, 1971 aufgelöst wurde.

Kossoff entschied sich, die Zusammenarbeit mit dem Schlagzeuger Simon Kirke fortzusetzen und gründete bald die kurzlebige Kossoff, Kirke, Tetsu & Rabbit-Gruppe, bevor er 1972 für ein weiteres Album zu Free zurückkehrte. Tragischerweise war Kossoff zu dieser Zeit in den Fängen einer gefährlichen Drogenabhängigkeit und auf ihrem letzten Album steuerte Kossoff aufgrund seiner schlechten Gesundheit nur einen begrenzten Teil bei. Die Band wurde kurz darauf endgültig aufgelöst und Kossoff begann mit der Arbeit an einem Soloprojekt, das in seiner letzten Gruppe, Back Street Crawler, gipfelte. Diese Band nahm zwei Studioalben auf, aber Kossoffs Gesundheitszustand verschlechterte sich rapide. Obwohl er 1975 in einer Londoner Drogenrehabilitationsklinik einen Herzstillstand überlebte, erlag er Anfang 1976 auf einem inneramerikanischen Flug von LA nach New York einem drogenindizierten Herzinfarkt. Kossoff war erst 25 Jahre alt.

Kossoffs Primärgitarren mit Free waren Gibson Les Paul Standards, zweifellos beeinflusst durch Claptons Verwendung des gleichen Modells mit John Mayall. Dies ist das Instrument, das mit ihm am engsten verbunden ist, obwohl er später gelegentlich eine weiße Fender-Stratocaster spielte. Er benutzte selten Effekte, sondern zog es vor, seinen Ton über die Gitarre selbst zu verändern. Seine Verstärker waren hauptsächlich Marshall Super Leads (100 Watt) und Super PA Topteile, obwohl er mit anderen Marken wie Orange Verstärkern fotografiert wurde.

Kossoffs Spielstil war einfach, rau und emotional, mit großer technischer Kontrolle. Er bevorzugte vor allem Blues- und Pentatonik-Tonleitern, benutzte aber auch gelegentlich modale Tonleitern und Open String Drones (z.B. Solospiel mit einer auf D heruntergestimmten.tiefen E Saite). Der typischste Teil seines Spiels ist wahrscheinlich sein flüssig klingendes Saitenbending und das Vibrato seiner Greifhand, das unheimlich stimmig klang und übrigens die Bewunderung von Eric Clapton auf sich zog.

Trotz der scheinbar simplen Natur seines Spiels war seine gefühlvolle Phrasierung bemerkenswert vielfältig und bot die perfekte Balance zu Paul Rodgers' erdigem, gefühlvollem Gesang in Free.

Hörempfehlung

Free – Tons of Sobs

Free – Highway

Free – Fire and Water

Solo – Back Street Crawler

Man muss hier nicht viel bezüglich der Notenwahl nachdenken, wir benden einfach bei jeder Zählzeit bis zum Grundton, bevor wir mit dem kleinen Finger das b3 auf der oberen Saite greifen. Allerdings können solche Licks ein wenig trügerisch sein. Wenn deine Bends nicht perfekt aufeinander abgestimmt sind, dann werden sie übel klingen. Wenn du Schwierigkeiten hast, versuche als Übung, den 17. Bund auf der zweiten Saite zu spielen und dann den 15. Bund zu benden, bis beide Töne identisch klingen. Beende den Lick mit einem schnellen und breiten Vibrato.

Beispiel 11a:

Beispiel 11b ist ein Paradebeispiel, das perfekt für den klassischen Rock im Kossoff-Stil steht. Es sind die Details wie der Hammer-On in Takt Eins und die sehr schnelle Vornote in Takt Drei, die diese Figur zum Singen bringt. Füge viel Vibrato hinzu und vergiss nicht, mit dem Backing-Track zu spielen. Das Gefühl ist hier weitaus wichtiger als die technische Präzision.

Beispiel 11b:

Ein weiterer herausragender Lauf ist in Beispiel 11c dargestellt. Verwende deinen dritten Finger, um die erste Note im 17. Bund zu spielen, und wechsele dann schnell mit deinem dritten Finger in den Bend im 15. Bund, um die Geschwindigkeit und Genauigkeit zu steuern. Vibrato entsteht durch schnelles Absenken und Anheben der gezogenen Note, sobald sie ihre Tonhöhe erreicht hat. Dies kann zusätzliche Übung erfordern, da Kossoffs Vibrato legendär war.

Beispiel 11c:

Nur zwei Akkordformen werden verwendet, um dieses raffinierte, sich verschiebende Riff zu spielen. Das Spielen von drei sich wiederholenden Noten in geraden 1/16 Noten erzeugt den Effekt, dass sich der Akkord im gesamten Takt nach hinten bewegt. Kossoff benutzte oft solche Mittel, um Lead-Breaks zu schaffen, und es zeigt, dass man nicht immer Tonleitern spielen muss, um ein einprägsames Solo zu schaffen.

In Takt Zwei schiebe einfach die erste Akkordform nach unten und spiele die obere Saite offen.

Beispiel 11d:

Beispiel 11e beginnt mit einem von unten nach oben angeschlagenen E-Powerakkord, bevor er in eine weitere typische Sequenz von breiten Kossoff-Bends mündet. Wie immer werden Genauigkeit und ein dynamisches Vibrato diese Linie zum Leben erwecken.

Beispiel 11e:

Jeff Beck

Geoffrey Arnold Jeff Beck wurde 1944 in einem Vorort von London, England, geboren und begann bereits als Teenager mit einem geliehenen Instrument Gitarre zu spielen. Wie mehrere andere englische Gitarristen seiner Generation besuchte er eine Kunstschule und engagierte sich aktiv in verschiedenen lokalen Bands. Beeinflusst von Gitarristen wie Les Paul und den Aufnahmen des Gitarristen Cliff Gallup mit Gene Vincent und The Blue Caps, hörte Beck auch Blues-Gitarristen, wie B.B. King, aufmerksam zu. In seinen frühen Jahren wurde er so etwas wie ein Session-Gitarrist, bevor er 1965 zu seiner ersten namhaften Gruppe, The Yardbirds (wo er Eric Clapton auf Empfehlung von Jimmy Page ersetzte), kam.

Beck spielte knapp zwei Jahre lang bei The Yardbirds und nahm 1966 ein Studioalbum mit ihnen auf, wurde aber schließlich während einer US-Tour wegen Fehlens bei Auftritten und einer eher rüden Art gefeuert. Als Beck diese Gruppe verließ, rekrutierte er Jimmy Page und Keith Moon, um Beck's Bolero aufzunehmen, gefolgt von zwei Solo-Singles: Hi Ho Silver Lining und Tallyman. Seine nächste Gruppe war The Jeff Beck Group, zu der auch der junge Rod Stewart am Gesang gehörte. Sie nahmen zwei Alben Truth (1968) und Beck-Ola (1969) auf, bevor sie sich im Juli 1969 auflösten. Beck gründete dann zusammen mit Drummer Carmine Appice und Bassist Tim Bogart ein Rock-Power-Trio, aber das Projekt wurde unterbrochen, nachdem Beck bei einem Autounfall schwer verletzt wurde. Später kehrte er zur Arbeit mit ihnen zurück, bevor sich die Gruppe 1974 auflöste.

Mitte der 70er Jahre hatte Beck zwei Instrumentalalben (Blow by Blow und Wired) produziert, die seinen einzigartigen Umgang mit der E-Gitarre in einer Reihe von atemberaubenden Instrumentalnummern präsentierten, die von der damals vorherrschenden Jazz-Rock-Bewegung beeinflusst waren. Diese zählen nach wie vor zu seinen besten Aufnahmen. In den 1980er Jahren veröffentlichte er drei Studioalben und war an zahlreichen verschiedenen Studio-Projekten und Gastauftritten beteiligt.

Seit den 90er Jahren produziert Beck kontinuierlich hochkarätige Soloalben mit einer deutlich höheren Häufigkeit als in den vergangenen Jahrzehnten. Er tourt immer noch regelmäßig und gilt als einer der größten und individuellsten Gitarristen des Rock.

Jeff Beck hat an verschiedenen Stellen in seiner Karriere sowohl Gibson Les Pauls als auch Fender Telecasters eingesetzt, aber es ist zweifellos seine lange Zusammenarbeit mit der Fender Stratocaster, die ihm seinen unvergleichlichen Ruf eingebracht hat. Fender's Custom Shop produziert nun ein Jeff Beck-Modell, das genau nach seinen Vorgaben gefertigt wird. Seine Stratocasters sind so modifiziert, dass sie ein kräftiges Anziehen des Tremoloarms ermöglichen, so dass Beck in der Lage ist, Klänge zu erzeugen, von denen andere Gitarristen nur träumen können. Seine Verstärker sind im allgemeinen Marshalls oder Fender, und obwohl er einige Effekte verwendet, sind es vor allem seine Hände und die von ihm benutzten Gitarren, mit denen er seinen Ton und Klang formt.

Becks Spielstil ist absolut einzigartig und er nutzt häufig den Tremoloarm, um Töne zu erzeugen, die an einen Slide-Gitarristen oder Pedal-Steelspieler erinnern. Ein hervorragendes Beispiel für seine Tremoloarmtechnik ist der Track Where Were You vom 1989er Album Guitar Shop. Er setzt auch häufig Obertöne (natürliche und künstliche) mit großer Wirkung innerhalb einer Melodielinie ein und nutzt gerne Lautstärkeveränderungen und schnelles Tremolo-Picking bzw. Tapping mit der rechten Hand.

Im Gegensatz zu vielen Mainstream-Rockgitarristen manipuliert Beck ständig die Lautstärke- und Klangregler der Gitarre, um den Klang seines Instruments während des Spiels zu verändern. Sein Slide-Spiel und der Einsatz des Tremolohebels sind erstaunlich genau in Bezug auf die Intonation und er nutzt sie, um fernöstliche Melodien auf der Gitarre nachzubilden, wie den Track Nadia aus seinem 2001er Album You Had It Coming.

Hörempfehlung

Jeff Beck Group – Truth

Solo – Guitar Shop

Solo – Blow by Blow

Solo – Emotion and Commotion

Jeff Beck nutzt den Tremoloarm effektiv, um seine Phrasen zum Leben zu erwecken, und dieser erste Lick zeigt reichhaltig einen solchem Spielstil. Verwende deinen Tremoloarm, um dem Intervall im ersten Takt Vibrato hinzuzufügen, und folge der Notation sorgfältig, um die Obertöne im zweiten Takt zu erhalten. Es ist ein beliebter Beck-Ansatz, ein Arpeggio zu erstellen, indem man Obertöne an bestimmten Saitenstellen spielt. Etwas Kompression kann hier helfen, und verwende deinen Steg-Pickup für maximalen Twang. Beck verwendet auch *Tremoloarm-Dips* (das heißt, den Tremoloarm vor dem Spielen einer Note zu drücken und dann schnell auf die richtige Tonhöhe zu bringen), um dem Klang einer Slide-Gitarre nahe zu kommen. Dies ist im letzten Takt zu sehen.

Beispiel 12a:

Der nächste Beck-Lick beginnt mit einem radikalen Anziehen des Tremolos, das den natürlichen Oberton am 5. Bund der G-Saite um eine Oktave erhöht. Möglicherweise musst du deinen Tremoloarm so einstellen, dass du diese Intervallveränderung bequem durchführen kannst.

Der E7-Akkord in Takt Zwei wird als Arpeggio umrissen, vor dem klassischen Bluessliding in Takt Drei auf dem F7-Akkord. Verwende den Tremoloarm, um dem Lauf Vibrato hinzuzufügen, wie in der Notation angegeben.

Beispiel 12b:

Beispiel 12c verwendet wieder Tremolo-Dips im Beck-Stil, um den Klang einer Slide-Gitarre anzudeuten, und auch mehr Arpeggio-Töne, um den Klang jedes Akkords zu umreißen, wie in den Takten Zwei und Drei zu sehen ist. Der von Albert King beeinflusste ‚dee-dah' Lick in Takt Vier rundet den Lauf in einem wahren Electric Blues Style ab. Überstürze deine Phrasierung nicht, da der gesamte Lauf zu dem Backing-Track ziemlich laid-back klingen sollte.

Beispiel 12c:

Dieser Beck-Lick wird am besten mit dem Hals-Pickup für einen wärmeren Ton gespielt und zeigt wieder einmal eine sehr freie Verwendung des Tremoloarms. Beachte, dass der Tremoloarm hier verwendet wird, um einige Noten im Tempo mit dem Track in Einklang zu bringen (wie in Takt Zwei und Takt Vier). Die Verwendung des Arms zum Spielen bestimmter Rhythmen ist ein beliebter Beck-Trick und lässt sich mit etwas Übung leicht in dein Spiel integrieren. Achte darauf, dass du die Dynamik der Phrase dem Audiobeispiel anpasst.

Beispiel 12d:

Der letzte Jeff Beck-Lick beginnt mit einem klassischen Blues Move in Triolen in Takt Eins und Zwei. Schlage hier mit den Fingern die Saiten an, um für einen zusätzlichen Biss zu sorgen und lass die Töne ineinander übergehen. Verwende den Tremoloarm, um einen breiten und dynamischen Vibrato-Effekt für maximale Wirkung zu erzeugen. Die gesamte Linie ist auf einem Triolen-Feeling aufgebaut, also überprüfe unbedingt mit dem Audio, ob es der Phrasierung entspricht.

Beispiel 12e:

Lindsey Buckingham

Lindsey Adams Buckingham wurde 1949 in Kalifornien, USA, geboren. Er ist der jüngste von drei Brüdern, die alle ermutigt wurden, während ihrer Jugendzeit Wettkampfschwimmer zu sein. Buckingham erhielt keinen formalen Gitarrenunterricht, sondern fing an, sich als Teenager das Spielen selbst beizubringen, mit einem Interesse an Folk Music und der großen Plattensammlung seines Bruders.

Einige Jahre später, als die Musik sein Lebensweg wurde, unternahm Buckingham mit der Gruppe Fritz (zwischen 1966 und 1971) Ausflüge in die Rock- und psychedelische Musik, wo er Bass spielte und sang. Diese Gruppe bestand auch aus der späteren Fleetwood Mac-Sängerin Stevie Nicks als zweite Sängerin.

Nachdem sie Fritz verlassen hatten, begannen Buckingham und Nicks (jetzt ein Paar) eine Duo-Karriere und wurden kurzzeitig bei Polydor Records unter Vertrag genommen, wo sie 1973 ein Album veröffentlichten. Aufgrund der schlechten Verkaufszahlen und dem damit verbundenen Verlust der Unterstützung ihrer Plattenfirma geriet das Duo in eine schwere Zeit, und erst als Schlagzeuger Mick Fleetwood ein Demo von ihnen hörte, änderte sich ihr Schicksal. Fleetwood war von Buckinghams Gitarrenspiel ausreichend beeindruckt, um ihm eine Vollzeitstelle bei Fleetwood Mac anzubieten (nachdem Bob Welch die Band 1974 verlassen hatte), und Buckingham bestand darauf, dass Nicks sich ihm in der neuen Gruppe anschloss.

Buckingham und Nicks passten perfekt zu der englischen Band, die seit dem Weggang von Peter Green einige Jahre zuvor darum gekämpft hatte, ihren musikalischen Schwerpunkt zu finden. Nach einem mäßig erfolgreichen ersten Album mit Fleetwood Mac im Jahr 1975 wurde das zweite Album mit Buckingham und Nicks (mit dem Titel Rumours) zu einem internationalen Bestseller und machte die Gruppe zu Superstars, was nicht zuletzt auf Buckinghams sehr vielseitiges Gitarrenspiel und Songwriting zurückzuführen ist. Die folgenden Jahre waren für Buckingham mit Fleetwood Mac erfolgreich (obwohl seine Beziehung zu Nicks während des Rumours-Albums endete), und sie erzielten riesige Plattenumsätze, begleitet von ausgedehnten Touren.

Mitte der 80er Jahre wurde Buckingham der endlosen Tourneen und Aufnahmen müde und begann, sich außerhalb der Gruppe musikalisch zu betätigen. Dies führte dazu, dass er 1987 die Band verließ, um einer Solokarriere nachzugehen, die er im Hintergrund begonnen hatte, als er noch bei Fleetwood Mac war. Nach einer Reihe von Projekten traf sich Buckingham 1997 wieder mit seinen ehemaligen Bandkollegen für die erfolgreiche Dance Tournee. Fleetwood Mac spielen und nehmen immer noch zusammen auf, wenn auch weniger regelmäßig als in den 1970er und 1980er Jahren. In jüngster Zeit hat Buckingham zusammen mit der Keyboarderin Christine McVie aufgenommen und ist auf Tournee gegangen. Er hat 10 Alben veröffentlicht, zusätzlich zu denen, die er mit Fleetwood Mac aufgenommen hat.

In erster Linie ein Fingerstyle-Gitarrist, produziert Buckingham einen kräftigen Anschlag auf der Gitarre und vermischt in seinen Soli oft einzelne Noten und kleine Akkordstrukturen. Er sagt von sich, mehr aus dem Bauch heraus zu spielen als durch theoretisches Wissen, obwohl sein Spiel immer perfekt zum Song passt, sei es akustisch oder als rockorientierter Song wie Go Your Own Way. Er mag vordergründige Double-Stops und Unisono-Bends in seinem Rock-Solo und geht bei der Improvisation melodisch vor. Obwohl es einen Blues-Einfluss in seinem Gitarrenspiel gibt, ist es in der Regel weit weniger ausgeprägt als bei anderen Gitarristen seiner Generation. Er ist ein Meister des Schichtens von Gitarrenparts, um einen fast orchestralen Klang zu erzeugen.

Bevor er zu Fleetwood Mac kam, benutzte Buckingham eine Fender Telecaster, wechselte bald zu einer Gibson Les Paul, um der eher Blues-Rock-orientierten englischen Gruppe zu entsprechen, bevor er schließlich auf eine maßgeschneiderte Gitarre von Rick Turner wechselte, die er immer noch spielt.

Diese E-Gitarren werden normalerweise über Mesa Boogie- oder Fender-Verstärker mit minimalem Effekteinsatz gespielt, lediglich mit Delay und einem leichten Overdrive je nach Song. Er benutzt eine Reihe von akustischen Gitarren für Liveauftritte und Studioaufnahmen, wie z.B. Taylor, Martin und Turner Gitarren.

Hörempfehlung

Fleetwood Mac – Rumours

Fleetwood Mac – Fleetwood Mac

Fleetwood Mac – Tusk

Duo – Lindsay Buckingham/Christine McVie

Ein großer Teil von Buckinghams Solospiel besteht darin, Tiefe und Kontrast zum Rhythmusteil zu schaffen. Der erste Lick hebt nur eine Art hervor, wie er dies tut, indem er auf die 5. und b7 des B-Moll-Akkords abzielt. Gleite in die erste Note und lasse jede Note in die nächste klingen, wobei du darauf achten musst, dass du auf den 1/16tel Noten im Takt bleibst. Verwende deinen dritten und vierten Finger für den Bend im zweiten Teil. Versuche, die Linie sowohl mit einem Plektrum als auch ohne im echten Buckingham-Stil zu spielen.

Beispiel 13a:

Unison-Double-Stop-Bends sind raue kleine Biester. Das Ziel ist es, die tiefere Tonhöhe so zu benden, dass sie der oberen entspricht, aber das erfordert Genauigkeit und gute Ohren. Es ist gut, diese Ideen getrennt zu üben, denn die Bending-Abstände sind unterschiedlich, je nachdem, wo man sich auf dem Griffbrett befindet und Finger und Ohren sollten schon im Einklang sein.

Beachte, dass die Bends im dritten und vierten Takt bei jedem Anschlag wiederholt werden, also nicht nur benden und halten.

Ich empfehle, die Finger Eins und Drei durchgehend zu verwenden und den ersten beiden Unisono-Bends ein wenig Vibrato hinzuzufügen.

Beispiel 13b:

Der folgende Lead-Break ist typisch für Lindsay Buckingham; er ergänzt den Track und nimmt dich mit auf eine Reise, steht aber nicht im Vordergrund. Dieser Lauf ist komplett B-Moll-Pentatonik, aber der modale äolische Hintergrund lässt ihn interessanter klingen. Sei vorsichtig mit den Unisono-Bends in Takt Vier, da deine Intonation beim Erreichen des Double-Stops auf Zählzeit 4 hängen bleiben könnte. Der Double-Stop am 7. Bund und die Bends am 9. Bund sollten in der Tonhöhe identisch klingen.

Beispiel 13c:

Mehr Double-Stop-Bends hier, aber diesmal sind sie nicht unisono. In Takt Eins zielt der Bend auf den Grundton des B-Moll-Akkords, während die höhere Note die b3 hält. Wenn man mit dem gleichen Muster am Hals weiter oben in den A-Akkord gleitet, bedeutet das, dass der Bend nun auf die 13.bzw. 6.Stufe von A (F#) gerichtet ist und die höhere Note den Grundton (A) hält. Diese Idee ist eigentlich ziemlich von der Countrymusik beeinflusst. Stelle wie immer sicher, dass du die Zieltonhöhe jedes Mal mit dem Bend erreichst und übe sie genau. Lass die Noten an den angegebenen Stellen ausklingen.

Beispiel 13d:

Beispiel 13e ist eine einfache moll-pentatonische Idee, aber die Stärke der Melodie und der plötzliche Sprung in der Tonhöhe machen sie zu einem kraftvollen treibenden Statement im Track. Beachte die Verwendung der offenen A-Saite, um eine rhythmische Pause zu erzeugen, bevor der melodische Sprung in Takt Vier erfolgt. Hier lässt die außerhalb der Zählzeit liegende Platzierung die ansonsten einfach klingende Melodie aus dem Hintergrund hervortreten. Trotz der melodischen Einfachheit des Licks zeigt es, wie effektiv diese Linien sein können, wenn sie gut phrasiert sind.

Beispiel 13e:

Michael Schenker

Michael Schenker wurde 1955 in Deutschland geboren und begann schon früh, unter dem Einfluss seines Bruders Rudolf, Gitarrist bei The Scorpions, Gitarre zu lernen. Sein erstes Konzert fand bereits im Alter von 11 Jahren statt, und im Alter von 17 Jahren spielte er mit seinem Bruder bei den Scorpions auf ihrem Debütalbum Lonesome Crow von 1972.

Während seiner Tournee mit dieser Band wurde die langsam erfolgreich werdende britischen Hardrock-Band UFO auf ihn aufmerksam und er wurde gebeten, bei ihnen einzusteigen. Obwohl Schenker anfangs bei UFO kein Englisch sprach, wurde er schnell Co-Autor vieler ihrer bekanntesten Songs. Trotz der schwierigen Beziehung zur Band, wurde er aufgrund seines explosiven und flüssigen Lead-Gitarrenstils schnell zur Hauptattraktion bei ihren Live-Auftritten. Schenker blieb bis 1978 bei der Band und war auf ihrem klassischen Live-Album Strangers in The Night vertreten, das viele Kritiker als ihr bestes Werk betrachten.

Nach dem Verlassen von UFO kehrte Schenker kurzzeitig zu The Scorpions zurück, bevor er eine jahrzehntelange Solokarriere mit der Michael Schenker Group (MSG) begann. Sein Debütalbum 1980 (einfach The Michael Schenker Group genannt) gehört zu seinen besten Werken und wurde mit dem Sänger Gary Barden veröffentlicht. Mehrere Besetzungswechsel (und Bandnamen) folgten, aber jede Veränderung der Gruppe brachte starke Alben hervor, die alle Schenkers unverwechselbares, flüssiges Leadgitarrenspiel beinhalteten. Später gründete er mit dem Sänger Robin McAuley die McAuley Schenker Group, die bis 1993 bestand.

In den 1990er Jahren stieg er zweimal kurz wieder bei UFO ein, aber Anfang der 2000er Jahre war Schenker etwas aus der Öffentlichkeit verschwunden und schien seine musikalische Ausrichtung verloren zu haben. Er kehrte jedoch mit einer Reihe von Tourneen und Aufnahmen in die Musikindustrie zurück, die ihn wieder zu seiner rechtmäßigen Position als einer der charakteristischsten und aufregendsten Interpreten der Rockgitarre zurückführten. Schenker hat in seiner Karriere über 30 Alben aufgenommen und mehrere Auszeichnungen für seine musikalischen Leistungen erhalten.

Schenker stand für einen Großteil seiner Karriere mit der Gibson Flying V-Gitarre in Verbindung, bis er etwa 2007 begann, eine charakteristische Dean-Gitarre zu spielen, die nach dem Vorbild seiner berühmten schwarz-weißen Gibson Flying V aus seinen späten UFO- und MSG-Tagen entstand. Die Firma Dean baute ihm auch zwei akustische Modelle mit ähnlichem Design.

Seine Verstärker waren fast immer Marshall-Topteile und 4 x 12 Boxen und sein unverwechselbarer Gitarrenklang wird durch die Verwendung eines Wah-Wah-Pedals erreicht, das etwa auf die Mitte seines Tonumfangs eingestellt ist. Diese Einstellung erzeugt einen markanten Mitteltonboost und definiert den klassischen Schenker-Gitarrensound. Es ist auf fast allen seinen Aufnahmen zu hören, macht sich aber vor allem auf dem Live-UFO-Album Strangers in the Night bemerkbar. Obwohl er ein kleines Pedalboard benutzt, ist er nicht besonders dafür bekannt, Effekte in seinem Spiel einzubauen und der Großteil seines Sounds wird direkt von seiner Gitarre und den Verstärkern über das Wah-Wah-Pedal erzeugt.

Schenkers melodischer Leadgitarrenstil zeichnet sich zum Teil durch die Verwendung von wiederholten und schnellen Legatopassagen mit der Greifhand aus, die mit großem technischem Geschick gespielt werden, und er verfügt über ein äußerst markantes Vibrato. Er spielt oft Soli, die typische Blues- und Pentatonik-Tonleitern mit Moll-Tonleitern wie dem äolischen Modus kombinieren, obwohl er häufig Arpeggio-Figuren und Skalenpassagen in einen fast neoklassischen Rock-Stil integriert.

Schenker, ein Meister des Saiten-Bendings, verwendet diese oft sowohl unisono als auch in sehr hohen Lagen und hat viele zeitgenössische Gitarristen beeinflusst, darunter Kirk Hammett von Metallica und John Petrucci von Dream Theater.

Hörempfehlung

UFO – Lights Out

UFO – Obsession

UFO – Strangers in the Night

Solo – The Michael Schenker Group

Der erste Michael Schenker-Lick ist im Grunde genommen komplett F#-Moll-Pentatonik unter Einbeziehung der natürlichen Sexte in Zählzeit 2, genau wie der Ritchie Blackmore-Lauf in Beispiel 9e. Offensichtlich ist das Tempo ziemlich hoch, also teile den Lauf in kleinere Abschnitte auf, bevor du alles wieder zusammensetzt. Saiten-Bends, die weiter unten am Hals gespielt werden, sind aufgrund der höheren Saitenspannung immer schwerer, also stelle sicher, dass du es schaffst, auf der ersten Note einen vollen Ton zu erzeugen. Achte auch auf die Pick-Richtungen, da meistens das Tempo dadurch entsteht, dass du legato spielst und nicht jede Note anschlägst.

Beispiel 14a:

Dieser Lick taucht im Spiel der meisten großen Rockgitarristen irgendwann einmal auf. Schau dir Beispiel 1a für Jimmy Pages Interpretation für diese Art von Phrase an. Das Schwierigste dabei ist, dass nicht alle gezogenen Noten jedes Mal auf eine passende Zählzeit fallen. Auch das Muster der Noten zwischen den Bends ändert sich, also pass gut auf! Es ist definitiv einer, den du mit dem Audiobeispiel ein paar Mal überprüfen solltest, um die Schenker-Phrasierung wirklich hinzukriegen.

Beispiel 14b:

Beispiel 14c veranschaulicht Schenkers Feingefühl und Beherrschung des Saitenbendings. Hör dir den Track genau an, um zu hören, wie jeder Bend verändert wird, und verwende deinen dritten Finger mit dem zweiten Finger dahinter als Unterstützung. Wieder ist es ein schneller Lauf, also zerlege ihn in kleinere melodische Abschnitte und schlage hart an. Für einen besonders authentischen Schenker-Ton versuche, diese Licks mit einem Wah-Wah-Pedal zu spielen, das etwa auf die Mitte eingestellt ist.

Beispiel 14c:

Das folgende Beispiel sieht auf dem Papier entmutigend aus, aber es ist eigentlich nur eine absteigende Skalenfolge, die mit halsbrecherischer Geschwindigkeit gespielt wird. Lerne die Sequenz sehr langsam und suche dir die Stelle, die am besten für eine Positionsverschiebung zum Spielen der Noten geeignet ist. Ich ziehe es vor, meinen ersten Finger in den 13. Bund der G-Saite zu verschieben. Versuche jede Note anzuschlagen, wenn du erfahren genug bist, aber wenn du nur die erste Note auf jeder Saite anschlägst, werden ein weicher Legato-Effekt und einige interessante rhythmische Akzente erzeugt.

Lerne diese Licks immer langsam für maximale Genauigkeit, bevor du versuchst, sie in vollem Tempo zu spielen.

Beispiel 14d:

Der letzte Schenker-Lick zeigt einen eher vom Blues beeinflussten Ansatz, aber die Hard-Rock-Stylings der Pinch Harmonic schleichen sich in das Ende von Takt Zwei ein. Du hast die Phrase in Takt Eins ein Dutzend Mal gesehen, obwohl unten am Hals eine unangenehme Stelle ist, um den B-Ton zu ziehen.

Gleite mit dem vierten Finger in den 7. Bund und verwende die Finger Eins und Zwei, um den Pull-Off im Takt Zwei zu spielen, bevor du wieder auf dem 7. Bund landest, diesmal mit dem dritten Finger. Dies soll dir helfen, deine Finger für die Positionsverschiebung zu organisieren. Die natürliche None (4. Bund) suggeriert eine äolische Tonalität, die den dunkel klingenden in Moll gehaltenen Backing-Track ergänzt. Füge so viel Vibrato wie möglich bei den langen Noten hinzu.

Beispiel 14e:

Joe Walsh

Joseph Fidler Joe Walsh wurde 1947 in Kansas, USA, geboren. Seine Mutter war eine klassisch ausgebildete Pianistin und Walsh wurde von seinem Stiefvater adoptiert, nachdem sein biologischer Vater bei einem Flugzeugabsturz starb, als er fünf Jahre alt war. Während seiner High School-Zeit in New Jersey spielte Walsh die Oboe, wurde aber bald von der Gitarre angezogen und wurde stark von Gruppen wie den Beatles inspiriert. Beeinflusst von einer Reihe bekannter Gitarristen wie Chuck Berry, Jimmy Reed und B.B. King, trat Walsh regelmäßig auf, als er die High School beendete.

Seine frühe Karriere konzentrierte sich hauptsächlich auf zwei Bands, zuerst The Measles und später The James Gang. The James Gang waren mäßig erfolgreich und Walsh nahm vier Alben mit ihnen auf. Sie spielten auch mit The Who während deren Tournee, wobei Walshs Spiel die Aufmerksamkeit von Pete Townsend auf sich zog. Die Zusammenarbeit mit The James Gang half ihm, seinen musikalischen Ruf durch Tracks wie Funk #49 und Walk Away erheblich zu steigern.

Nachdem er The James Gang 1971 verlassen hatte, arbeitete Walsh etwa vier Jahre lang mit mehreren anderen Bands zusammen, darunter Barnstorm, die 1973 mit dem Album The Smoker You Drink, The Player You Get, das vor allem wegen der klassischen Single Rocky Mountain Way gut angenommen wurde, einige kommerzielle Erfolge feierte.

Barnstorm löste sich 1974 auf, und 1975 erhielt Walsh ein Angebot der Eagles als Ersatz für den ehemaligen Gitarristen Bernie Leadon einzusteigen. Sein erstes Album mit den Eagles war Hotel California, auf dem er sein stark feinfühliges Slide-Gitarrenspiel zum Besten gab. Insbesondere sein langwieriges Gitarrenduett mit Don Felder am Ende des Titeltracks gehört zu seinen besten Aufnahmen auf der Platte. Walshs Gitarrenauftritt auf dem Track Life in the Fast Lane war auch ein großes Highlight des meistverkauften Albums. Walsh arbeitete weiterhin mit The Eagles zusammen, bis sie sich 1980 trennten und er auch an Soloprojekten arbeitete. Seine Solo-Single Life's Been Good (eine ironische Ansicht des Rockstar-Daseins) wurde kurz vor der Trennung von The Eagles veröffentlicht.

Die Eagles reformierten sich etwa 14 Jahre später und begannen mit Walsh wieder auf Tour zu gehen. Gitarrist Don Felder war nicht an diesem Treffen beteiligt, da er in einen Rechtsstreit mit den anderen Bandmitgliedern verwickelt war. Mit mehr Besetzungswechseln in den letzten Jahren haben The Eagles weiterhin zusammen mit Walsh gespielt. Er war an zahlreichen musikalischen Projekten außerhalb von The Eagles beteiligt und engagiert sich regelmäßig für verschiedene gemeinnützige Zwecke.

Walsh ist bekannt dafür, mit verschiedenen Instrumenten zu experimentieren, je nach den Bedürfnissen des Songs und ist ein begeisterter Sammler von Vintage-Gitarren. Bei den Eagles ist er vor allem durch den Einsatz von Gibson Les Pauls und Fender Telecasters bekannt und wählte oft eine Gitarre aus, die sich klanglich von den anderen in der Band abhob. Er verwendet Gitarren von Carvin und Duesenberg.

Obwohl er im Laufe der Jahre viele verschiedene Verstärkermodelle ausprobiert hat, scheint er eine Vorliebe für kleinere Fender-Röhrenverstärker wie die Deluxe- oder Champ-Modelle zu haben, insbesondere im Studio. Live hat er viele verschiedene Verstärker verwendet, zuletzt bevorzugt er DR Z-Verstärker.

In Songs wie Rocky Mountain Way benutzte er eine Talkbox, die zu einem seiner typischen Gitarreneffekte wurde, aber ansonsten ist sein Einsatz von Effektgeräten ziemlich minimal.

Walsh' Blues-Rock-Spielweise ist fließend und bietet präzises Saitenbending mit Vor-Bends und Double-Stops. Er bevorzugt Blues- und Pentatonische Tonleitern beim Solospielen, aber manchmal auch chromatische Tonläufe, um Farbe zwischen den Akkordtönen hinzuzufügen. Er verfügt auch über eine ausgeprägte Vibratotechnik. Sein Slide-Spiel ist eindeutig von traditionellen Blues-Musikern und -Gitarristen wie Duane Allman beeinflusst.

Hörempfehlung

Eagles – Hotel California

Solo – But Seriously Folks

Barnstorm – The Smoker You Drink, the Player You Get

Solo – There Goes the Neighbourhood

Der erste Joe Walsh-Lick wird mit einem Slide in offener A-Stimmung (E A E A C# E) gespielt und erfordert eine gewissenhafte Kontrolle der Intonation. Achte auf den subtilen Halbton-Slide am Ende von Takt Zwei und den längeren Slide im letzten Takt. Walsh phrasiert auf entspannte Art und hinter der Zählzeit liegend, also ziehe die Audiospur zu Rate, um seinen unverwechselbaren rhythmischen Ansatz verstehen. Wie Duane Allman hat auch Walsh eine ausgezeichnete Kontrolle über das Vibrato mittels eines Slides, also übe diese Technik sorgfältig, um seinen singenden Ton nachzuahmen.

Beispiel 15a:

Dieser Lick ist ein weiteres Slide-Training in offener A-Stimmung. Achte darauf, dass die angegebenen Noten sich richtig miteinander verbinden. Sei auch vorsichtig mit dem letzten ausdruckstarken Slide vom 7. Bund bis zum 12. Bund auf der G-Saite und vermeide es, eine der anderen Saiten zu berühren. Die Saitendämpfung ist wichtig beim Slide-Spiel (besonders wenn du einen übersteuerten Ton wie Walsh verwendest), also verwende die verfügbaren Finger an beiden Händen, um die nicht verwendeten Saiten zu dämpfen. Wenn du die Saitenlage auf deiner Gitarre etwas anhebst, wird der glasige Slide-Sound, den Walsh bevorzugt, erreicht.

Beispiel 15b:

Dieser Lick kehrt zur normalen Stimmung zurück und verwendet im unteren Bereich gespielte Halbton-Bends, um einen funky, fast Country-Style-Lauf zu kreieren. Bende die Saiten nicht zu stark und drehe den Overdrive ein bißchen runter, um einen „kurz-vor-dem-explodieren" Rocksound zu erhalten; definitiv einer für den Steg-Pickup.

Achte auf den Ganzton-Bend auf der G-Saite am 4. Bund im vorletzten Takt. Füge subtiles Vibrato hinzu, um dem Lick seinen letzten Schliff zu geben.

Beispiel 15c:

Ein weiterer Lick im unteren Bereich des Griffbretts Halsesmit Country-artigem Flair. Es gibt eine Positionsverschiebung zwischen den Takten Zwei und Drei, die mit einem kurzen Finger-Slide mit dem zweiten Finger gekoppelt ist. Achte besonders auf die Pinch Harmonic in Takt Drei, bevor du die subtilen Blues-Curls im letzten Takt hinzufügst. Rhythmisches Gefühl ist hier der wichtigste Faktor, also höre dir das Audio an, wenn du den Lick übst.

Beispiel 15d:

Der letzte Lick wird um die 10. Position gespielt und erfordert eine sorgfältige Beachtung der Rhythmen, um die Genauigkeit zu gewährleisten. Achte auf die 3/4-Ton-Bend bei Zählzeit 3 in Takt Eins und verwende deinen dritten Finger für den Bend im 12. Bund in Takt Zwei. In Takt Drei gibt es eine Bend-und-Release-Bewegung, die du mit deinem dritten Finger spielen solltest. Bereite dich auf die schnelle Positionsverschiebung vor und gleite in den letzten Takt, der mit dem Hammer-On zwischen dem 5. und 6. Bund auf der G-Saite endet.

Beispiel 15e:

Eric Clapton

Eric Patrick Clapton wurde 1945 in Surrey, England, geboren und ist einer der bekanntesten E-Blues- und Rockgitarristen der Welt. Er begann im Alter von 13 Jahren Gitarre zu spielen, als er zu seinem Geburtstag eine Akustikgitarre erhielt. Er verliebte sich schnell in amerikanische Bluesmusiker und verbrachte oft Stunden damit, mit ihren Aufnahmen zu üben, um seine Gitarrenkenntnisse zu verfeinern. Als Clapton 16 Jahre alt war, hatte er sich einen Namen als aufstrebender Bluesgitarrist gemacht und wurde oft als Straßenmusiker in und um London gesehen.

Nachdem er in verschiedenen Bands aufgetreten war, schloß er sich 1963 den Yardbirds an. Die Gruppe war eine Rock and Roll-Band, die stark vom Blues beeinflusst war, und Clapton blieb bei ihnen bis 1965, um dann Mitglied von John Mayall's Blues Breakers zu werden. Als er mit Mayall spielte, entwickelte er seine bereits beeindruckenden Fähigkeiten als Leadgitarrist weiter und nahm eines seiner bekanntesten Alben auf, Blues Breakers - John Mayall mit Eric Clapton (manchmal auch als Beano-Album bezeichnet).

Im Juli 1966 gründete Clapton zusammen mit dem Bassisten Jack Bruce und dem Schlagzeuger Ginger Baker Cream, eine der ersten Rock-Supergruppen. Sie erlangten schnell Berühmtheit, bevor sie sich nur wenige Jahre später auflösten. Nach Cream spielte Clapton mit Blind Faith und Derek and the Dominoes (bekannt durch das klassische Layla-Album), bevor er sich eine Zeit lang zurückzog, die leider von Drogenabhängigkeit geprägt war. Mitte der 70er Jahre tauchte er mit vielen erfolgreichen Soloalben wieder auf und in den 80er Jahren produzierte er mehr kommerzielle Aufnahmen als in den 70er Jahren.

Ein langer Kampf gegen Alkoholismus und persönliche Probleme wurde schließlich überwunden, und in den 90er Jahren war Claptons Karriere konsequenter und erfolgreicher in Bezug auf musikalische Neuerscheinungen geworden. Der tragische Tod seines Sohnes Conor im Jahr 1991 führte zu dem Lied Tears in Heaven, das für Clapton zu einem großen kommerziellen Erfolg wurde, zusammen mit seinem Unplugged-Album, das bis heute eines seiner meistverkauften Alben bleibt.

Claptons kontinuierliche Tourneen und Aufnahmen setzten sich bis in die 2000er Jahre fort, und in jüngster Zeit kehrte er zu seinen Blues-Wurzeln zurück und widmete sein Spiel seinen musikalischen Mentoren wie Robert Johnson. Clapton ist bis heute einer der einflussreichsten Blues- und Rockgitarristen und hat zahlreiche Grammy-Auszeichnungen erhalten. Er gründete 1998 das Crossroads Centre in Antigua für Drogenabhängigkeit und erhielt 2004 die CBE für seine Verdienste um die Musik.

Sein Leadgitarren-Stil ist vom Blues beeinflusst, und er verwendet Pentatonik- und Blues-Tonleitern in seinem Solo. Beeinflusst von Gitarristen wie Buddy Guy, Freddie King und B.B. King und vielen anderen, wird Claptons Herangehensweise von heutigen Gitarristen stark kopiert. Er verfügt über eine besonders ausdrucksstarke Vibrato-Technik und verwendet in seinen Soli häufig Saiten-Bends mit großer Wirkung.

Eric Clapton wurde im Laufe seiner Karriere mit mehreren verschiedenen Gitarrenmodellen in Verbindung gebracht, vor allem mit der Gibson Les Paul Standard in seinem Frühwerk und der Gibson SG und ES-335 für einen längeren Zeitraum mit Cream. Seit Anfang der 1970er Jahre spielt er häufig Fender Stratocasters, und Fender produzierte schließlich ein Signaturmodell für ihn.

Marshall-Verstärker waren ab Mitte der 60er Jahre Claptons Standbein, vor allem bei Cream, wo er einer der ersten Gitarristen wurde, der Marshall-Türme mit 4x12-Boxen verwendete. In den 1970er Jahren wechselte er zu kleineren (und generell leistungsschwächeren) Verstärkern wie Fender und Music Man und ist größtenteils bei diesem Setup geblieben.

Clapton steht nicht besonders mit Gitarren-Effektgeräten in Verbindung, aber hat das Wah-Wah-Pedal in einigen seiner Aufnahmen effektiv eingesetzt. Er vermeidet in der Regel stark effekthaltige Gitarrentöne und zieht es vor, sich an ein einfaches Setup zu halten.

Hörempfehlung

John Mayall – Blues Breakers – John Mayall with Eric Clapton

Cream – Disraeli Gears

Cream – Wheels of Fire

Derek and the Dominoes – Layla and Assorted Love Songs

Solo – Unplugged

Lick Eins ist eine klassische Clapton Blues Intro-Phrase, die auf Triolen basiert. Benutze deinen zweiten Finger, um im Auftakt auf der G-Saite vom 5. bis zum 6. Bund zu gleiten und gleite mit dem dritten Finger, um die Positionsverschiebung in Takt Zwei zu erreichen. Die Double-Stop-Triolen in Takt Drei sollten mit dem ersten und zweiten Finger gegriffen werden. Achte auf den schnellen Slide, der dich zurück auf die 5. Position auf der letzten Triole im selben Takt bringt. Mach im letzten Takt mit dem ersten und zweiten Finger ein Hammer-On vom 5. zum 6. Bund.

Beispiel 16a:

Ein weiterer Triolen-Auftakt ist im zweiten Clapton-Lick enthalten, diesmal jedoch in einer höheren Lage. Achte besonders auf den subtilen Bend am Anfang von Takt Zwei und auch auf den Hammer-On und Pull-Off der 1/16. Note bei Zählzeit 4. Spiele mit dem dritten Finger die Ganzton-Bends in Takt Drei und lasse deinen kleinen Finger frei, um die gegriffene G-Note am 15. Bund anzuschlagen. Füge viel Vibrato in den letzten Noten-Bend im letzten Takt ein.

Beispiel 16b:

Der nächste Lick hat ein ausgeprägtes Albert King-Feeling und drei schnelle Positionsverschiebungen sind erforderlich, um die gesamte Figur zu spielen. Spiele die A-Note auf dem 10. Bund (B-Saite) in Takt Zwei, indem du deinen dritten Finger schnell den Hals aufwärts bewegst und dann die Position zum 15. Bund (wieder mit dem dritten Finger) verschiebst, um die sich wiederholenden Bends zu spielen. Dein erster und zweiter Finger ist nun frei, um die Schlussnoten in Takt Vier zu spielen. Folge den dynamischen Akzentuierungen auf den Noten, um den spitzen Blues-Anschlag zu erzeugen, der erforderlich ist, um diesen Lick authentisch auszuführen.

Beispiel 16c:

Dieser Lick ist etwas synkopischer als die vorherigen Beispiele. Setze deinen zweiten Finger auf das A auf dem 14. Bund, um die Eröffnungsphrase zu spielen, und greife dann vorsichtig die nachfolgenden Halbton-Bends. Füge viel Vibrato bei der letzten Note hinzu, um die Linie in echter Blues-Manier abzuschließen.

Beispiel 16d:

Der letzte Lick bringt Triolen wieder in den Fokus und beinhaltet eine lange Reihe von Double-Stops, die ineinander klingen sollten. Verwende deinen ersten und zweiten Finger für die Triolen in den Takten Eins und Zwei und vergiss nicht den Slide im zweiten Takt. Benutze deinen dritten Finger für den Double-Stop im letzten Takt und deinen ersten Finger auf dem 5. Bund, bevor du auf der G-Saite den Hammer-On hinzufügst.

Beispiel 16e:

Jimi Hendrix

Jimi Hendrix, einer der bekanntesten Musiker in der Geschichte der populären Musik, hat sowohl den Sound als auch den Spielstil der E-Gitarre verändert. Jimi Hendrix, 1942 in Seattle, USA, als Johnny Allen Hendrix geboren, wurde später in James Marshall Hendrix umbenannt, um seinen Vater James Allen und seinen verstorbenen Bruder Leon Marshall zu ehren.

Hendrix begann im Alter von etwa 15 Jahren mit dem Spielen der Akustikgitarre, bevor er später eine E-Gitarre erwarb und die Spielstile berühmter Blues-Künstler wie Muddy Waters, B.B. King und Howling Wolf studierte. Hendrix verliebte sich schnell in das Instrument und übte täglich mehrere Stunden lang. Bald darauf gründete er seine erste Band namens The Velvetones.

Bevor Hendrix 19 Jahre alt wurde, wurde er zweimal in einem gestohlenen Auto erwischt und musste wählen, entweder ins Gefängnis oder in die Armee. Er schrieb sich kurz darauf in der Armee ein und bat seinen Vater, während er in Kentucky stationiert war, ihm seine Gitarre zu schicken. Seine Obsession mit dem Instrument führte dazu, dass er seine militärischen Pflichten oft vernachlässigte, und 1962 wurde er wegen Untauglichkeit entlassen.

Hendrix begann seine Musikkarriere nach seiner Entlassung ernsthaft und begann in verschiedenen lokalen Bands zu spielen, arbeitete schließlich als Mitspieler bei zahlreichen Soul- und Bluesmusikern und spielte an bekannten Veranstaltungsorten im Süden. 1964 zog er nach Harlem, New York und sicherte sich eine Stelle bei der Begleitband der Isley Brothers. Nach einer kurzen Zeit in dieser Gruppe trat er der Band bei, die Little Richard und später Curtis Knight begleitete. Zu dieser Zeit sah der ehemalige Animals-Manager Chas Chandler Hendrix in Greenwich Village spielen und brachte ihn nach London, wo er Drummer Mitch Mitchell und Bassist Noel Redding Hendrix vorstellte, und sie gründeten The Jimi Hendrix Experience.

The Jimi Hendrix Experience zog schnell die Aufmerksamkeit der Musikpresse und auch anderer Rockmusiker auf sich, die von Hendrix' Spielfähigkeiten und seiner Showkunst, zu der auch das Gitarrenspielen hinter seinem Kopf und mit seinen Zähnen gehörte, verblüfft waren.

In den folgenden Jahren veröffentlichte Hendrix drei Studioalben mit großem Erfolg, wobei das letzte Album Electric Ladyland von vielen als eines der größten Rockalben angesehen wird, die je aufgenommen wurden. Zu diesem Zeitpunkt war Hendrix' Songwriting sehr einfallsreich und kombinierte sich gut mit seinen legendären Gitarrenfähigkeiten.

1969 war Hendrix angeblich der höchstbezahlte Rockmusiker der Welt und sein Auftritt beim Woodstock Festival war einer der entscheidenden Momente seiner Karriere, vor allem wegen seiner atemberaubenden Interpretation der US-Nationalhymne. Das ursprüngliche Experience-Trio wurde im Juni 1969 aufgelöst und Hendrix arbeitete dann mit dem Bassisten Billy Cox und dem Originaldrummer Mitch Mitchell zusammen, bevor er mit dem Drummer Buddy Miles die kurzlebige Band of Gypsys gründete. Sein Erfolg setzte sich bis 1970 fort, wurde aber zunehmend durch Drogenmissbrauch und alkoholbedingte Probleme behindert. Am 18. September 1970 starb er im Schlaf an Asphyxie, während er mit Barbituraten berauscht war. Er war gerade 27 Jahre alt.

Hendrix war Linkshänder und ist bekannt dafür, eine rechtshändige Fender Stratocaster zu spielen, die umgekehrt besaitet war. Er wird zwar mit der Stratocaster in Verbindung gebracht, spielte aber auch gelegentlich andere E-Gitarren, wie die Gibson Flying V und Les Paul. Er benutzte hauptsächlich Marshall-Verstärker live, aber im Studio benutzte er andere Fabrikate für andere Sounds. Er leistete Pionierarbeit bei der Verwendung vieler Effektgeräte, darunter Wah-Wah-Pedale, Univibes und Fuzz-Pedale sowie Tape-Flanging und Echogeräte, insbesondere bei seinen Studioaufnahmen.

Ein Großteil von Hendrix' Solospiel war bluesbasiert, aber neben seiner Beherrschung der Blues- und Pentatonik-Tonleitern setzte er auch modale Tonleitern und chromatische Passagen sehr effektiv ein. Die E-Gitarre schien in Hendrix' Händen keine Grenzen zu kennen und zu dieser Zeit ließ er sein Spiel durch den Einsatz unorthodoxer Techniken wie kontrolliertem Feedback und extremem Tremoloeinsatz so klingen, als ob es aus einem anderen Universum als das anderer musikalischer Zeitgenossen käme. Es ist keine Überraschung, dass er regelmäßig den ersten Platz in den Umfragen der einflussreichsten Gitarristen aller Zeiten belegt.

Hörempfehlung

Jimi Hendrix Experience – Axis Bold as Love

Jimi Hendrix Experience – Are You Experienced

Jimi Hendrix Experience – Electric Ladyland

Band of Gypsys – Band of Gypsys

Dieser Lick verwendet Hendrix' viel kopierte Saitenbending-Technik, bei der er eine Saite zieht und sie dann hart in die darunterliegende Saite drückt, um einen weiteren (kleineren Intervall-Bend) zu erzeugen. Die erste Anwendung dieser Technik ist zwischen den B- und G-Saiten in Takt Eins und dann auf den oberen beiden Saiten in Takt Zwei nachgebildet. Benutze deinen dritten Finger, um diese Zweisaiten-Bends zu erreichen und versuche, die tiefere Saite mit deinem Finger zu greifen, während du nach oben und dann wieder nach unten ziehst. Dieser Ansatz erzeugt einen ausgeprägten Double-Bend-Effekt und erfordert ein wenig Übung, um ihn vollständig zu beherrschen. Höre dir das Audio an, um den genauen Klang zu erfassen.

Beispiel 17a:

Hendrix benutzte regelmäßig Unisono-Bends, um dramatische Höhepunkte seiner Soli zu schaffen, und dieser Lick ist voll von solchen Bends. Ziehe jede Saite genau und füge etwas Vibrato hinzu, um den Effekt zu erzielen, der auf der Aufnahme zu hören ist. Spiele die letzte Phrase mit dem ersten und dritten Finger. Die Verwendung des Hals-Pickups wird dazu beitragen, dass dieser Lick voll, aber nicht zu hell klingt.

Beispiel 17b:

Dieser Lick sieht auf dem Papier viel schwerer aus, als er tatsächlich ist, also teile jeden Takt auf und arbeite langsam daran, bevor du ihn wieder zusammensetzt. Der kniffligste Teil ist der schnelle Bend auf Zählzeit 2 im Takt Eins am 15. Bund. Benutze deinen dritten Finger für diesen Bend und den Hammer-On und Pull-Off auf den letzten Schlag des Taktes. Beachte die langsame Triole im vorletzten Takt, die hilft, die Dinge zu verlangsamen, bevor sich der Lick mit einer Reihe von Pull-Offs in der klassischen Blues-Skalenform verabschiedet.

Beispiel 17c:

Dieser Lick enthält einen Trick, den Hendrix bei Voodoo Chile (Slight Return) anwendete, wo er den Pickup-Wahlschalter seiner Stratocaster im Takt des Tracks schnell hin und her bewegte, während er die G-Saite einen Ganzton höher zog. Dies ist in den Takten Eins und Zwei zu hören. Der Lick endet mit ein paar offen gespielten Saiten, der hauptsächlich um einen E7#9-Akkord aufgebaut ist und unter Einsatz des Tremoloarms beendet wird. Verwende deinen Steg-Pickup, um die Obertöne hervorzuheben, die du im Audio hörst.

Beispiel 17d:

Der letzte Hendrix-Lick verwendet Oktaven, um zu einem dramatischen Höhepunkt zu gelangen. Verwende deinen ersten und vierten Finger, um die Oktaven mit einer gleichmäßigen Greifform zu spielen, bevor du die letzten Bends in Takt Drei mit deinem dritten Finger spielst. Halte auch die Oktaven in einem strikten Tempo. Auch hier verwende deinen Hals-Pickup, um einen runden, singenden Ton zu erzielen, und vergiss nicht, die letzte Note mit Vibrato zu spielen.

Beispiel 17e:

Peter Green

Peter Allen Greenbaum wurde 1946 in Bethnal Green, London, geboren. Beeinflusst von Blues-Gitarristen und auch Hank Marvins Spiel mit The Shadows, ist Green in erster Linie ein Autodidakt, der von seinem älteren Bruder unterstützt wurde, der ihm seine ersten Akkorde zeigte. Er begann mit dem Bassspiel in einer Rock'n'Roll Coverband und wechselte bald zu einer Rhythm and Blues Gruppe namens The Muskrats.

Sein Gitarrenspiel erregte die Aufmerksamkeit der Öffentlichkeit, als er mit Peter Bardens Gruppe Peter B's Looners solange zusammen arbeitete bis er die Gelegenheit hatte, für Eric Clapton in John Mayall's Blues Breakers einzuspringen. Mayall war sehr beeindruckt von Greens Spiel und er gab sein Debüt mit der Band auf dem 1966er Album A Hard Road. Greens Spiel (im Alter von nur 20 Jahren) auf diesem Album war überraschend ausgereift und er trug zwei Kompositionen zur Aufnahme bei, darunter The Supernatural, ein Instrumental, das den Auftakt zu einigen der großen Instrumentalstücke bildete, die er später für Fleetwood Mac komponierte. In dieser Zeit wurde er von anderen Musikern wegen des hohen Standards seines Gitarrenspiels als The Green God bezeichnet.

1967 verließ Green die Mayall-Band und gründete seine eigene Gruppe. Mit dem Schlagzeuger Mick Fleetwood und dem Gitarristen Jeremy Spencer formierte er Fleetwood Mac, wobei Green einer der wichtigsten Komponisten der Gruppe war. Die Gruppe, die Ende der 1960er Jahre bei Produzent Mike Vernon's Blue Horizon Label unter Vertrag genommen wurde, produzierte eine Reihe von Alben, die Greens schnell wachsende Fähigkeiten als Songwriter zeigten. Greens Kompositionen Black Magic Woman (später von Santana gecovert) und Oh Well halfen, die wachsende Popularität der Gruppe zu festigen und das Instrumental Albatross führte 1969 die britischen Charts an. Die psychische Gesundheit von Green begann jedoch um diese Zeit herum schlechter zu werden. Dies wurde zu einem großen Problem, so dass er die Band im Mai 1970 verließ.

Mitte der 70er Jahre wurde bei Green Schizophrenie diagnostiziert und es dauerte einige Jahre, bis er sich erholte und eine Behandlung erhielt. 1979 tauchte er als Performer mit seiner eigenen Band wieder auf. Im selben Jahr veröffentlichte er ein Soloalbum, In the Skies. Es folgte eine sporadische Session-Arbeit, bis er Ende der 90er Jahre die Peter Green Splinter Group gründete und sie zwischen 1997 und 2004 neun Alben veröffentlichten.

Green nahm wieder eine Pause von öffentlichen Auftritten bis 2009, um dann als Peter Green and Friends aufzutreten und für weitere zwei Jahre zu touren.

Greens Gitarrenspiel und Kompositionen haben viele Musiker beeinflusst, darunter Gitarristen wie Gary Moore, Carlos Santana und Joe Perry. Er bevorzugt in seinen Soli generell Pentatonik- und Blues-Tonleitern und verfügt über ein einzigartiges Vibrato und großes Talent beim Saiten-Ziehen. Sein unverwechselbarer Einsatz von Hammer-Ons und Pull-Offs beeinflusste viele andere Gitarristen und sein Blues-Spiel (besonders in seinen frühen Jahren) war leicht auf Augenhöhe mit anderen E-Blues-Gitarristen wie Eric Clapton, wobei viele Kritiker das Gefühl hatten, dass er der authentischere Blues-Gitarrist war.

Peter Green hat im Laufe der Jahre mehrere Gitarren und Verstärker verwendet, wurde aber hauptsächlich mit der Gibson Les Paul und später der Fender Stratocaster in Verbindung gebracht. Seine berühmte Fleetwood Mac-Ära Gibson Les Paul wurde schließlich an den Gitarristen Gary Moore verkauft, der sie für viele seiner bekanntesten Aufnahmen verwendete. Durch eine versehentliche Verdrahtung der Tonabnehmer erzeugte diese Gitarre einen unverwechselbaren phasenverschobenen Ton, der auf vielen von Greens Aufnahmen zu hören ist. Green kreierte die meisten der charakteristischen Sounds seiner Gitarre, indem er die Lautstärke- und Klangregler manuell einstellte und ein relativ simples Equipment verwendete.

Er hat im Laufe der Jahre mit einer Vielzahl von Verstärkern experimentiert, verwendet aber hauptsächlich Fender- und Orange-Röhrenverstärker. Er hat selten moderne Effektgeräte verwendet, aber kontrolliertes Feedback und Hall erfolgreich eingesetzt, wie man auf The Supernatural mit John Mayall hören kann.

Hörempfehlung

Solo – In the Skies

Fleetwood Mac – Fleetwood Mac

Fleetwood Mac – Mr Wonderful

Fleetwood Mac – Then Play On

Peter Greens Spiel klingt täuschend einfach, aber seine rhythmische Anordnung der Noten ist unglaublich. Greife die Blues-Tonleiter Form im 12. Bund und ziehe die Noten auf dem 15. Bund mit dem dritten Finger, wobei du daran denkst, viel Vibrato hinzuzufügen. Achte auf die leicht verschobenen Rhythmen in Takt Eins Zählzeit 3, und Takt Zwei Zählzeit 1.

Beispiel 18a:

Dieser Green-Lick ist geradlinig und beinhaltet die None des E-Moll-Akkords, um der Folge einen fast dorischen Klang zu verleihen. Achte auf die Verzierungsnote vor dem ersten Ton und das angedeutete Swinggefühl der gesamten Figur. Der Schlussakkord sollte mit einem unverkennbaren Vibrato gespielt werden, um den unverwechselbaren Sound der frühen Fleetwood Mac-Aufnahmen zu erhalten.

Beispiel 18b:

Diese nächste Notenfolge ist komplett auf der E-Blues-Tonleiter aufgebaut und wird ausschließlich auf der Position im 12. Bund gespielt. Um der Phrasierung von Green zu entsprechen, spiele den Lick etwas hinter der Zählzeit, wobei du den Triolen-Puls der Audiobegleitung im Auge behältst. Gib jeder Note ihre richtige rhythmische Länge und dränge die Noten nicht übermäßig. Wie zuvor, füge viel Vibrato hinzu, wo es angezeigt wird.

Beispiel 18c:

Green, ein Meister des kreativen Umgangs mit der Blues-Tonleiter, konnte endlose Melodien erfinden und dieser Lick zeigt einen weiteren seiner Ansätze. Eine Reihe von Triolen in Takt Eins führen zum hohen G auf der obersten Saite in Takt Zwei. Benutze deinen dritten Finger für die Noten auf dem 15. Bund auf der E und B-Saite und dann deinen ersten und dritten Finger für die letzten beiden Noten.

Beispiel 18d:

Der letzte Peter Green-Lick ist rhythmisch einfach, aber es muss darauf geachtet werden, dass jede Note ihre volle Länge hat, besonders bei dem langen Bend in Takt Eins, der mit dem dritten Finger gespielt werden sollte. Beachte die Verschiebung zu Triolen auf der letzten Zählzeit in Takt Zwei und achte darauf, das Tempo nicht zu beschleunigen. Spiele die letzte Note des Licks mit dem dritten Finger auf dem 14. Bund und füge dabei Vibrato hinzu.

Beispiel 18e:

Gary Moore

Robert William Gary Moore wurde 1952 in Belfast, Nordirland, geboren und begann im Alter von 8 Jahren mit einem alten akustischen Instrument Gitarre zu lernen. Obwohl er Linkshänder war, lernte er rechtshändig und studierte, indem er sich seine Lieblingsaufnahmen anhörte. Er verließ Belfast und zog nach Dublin, als er gerade 16 Jahre alt war, entschlossen, einer Karriere als professioneller Musiker nachzugehen.

Stark beeinflusst von Peter Green, Jimi Hendrix, Albert King, Buddy Guy und Eric Clapton, entwickelte Moore schnell einen einzigartigen Blues-Rock-Stil, der ihn während seiner gesamten Karriere begleiten sollte. In Dublin trat er der Gruppe Skid Row bei und begann eine lange Zusammenarbeit mit dem Bassisten und Songwriter Phil Lynott (von Thin Lizzy).

1970 verließ er Irland, um nach London zu ziehen, und begann mit seiner eigenen Gruppe, der Gary Moore Band, die 1973 ihr Debütalbum Grinding Stone veröffentlichte. 1974 arbeitete Moore wieder mit Phil Lynott bei Thin Lizzy als Ersatz für Eric Bell zusammen, und dies war der Beginn einer langen Zusammenarbeit für Moore mit der Gruppe. Von 1975 bis 1978 spielte Moore Colosseum II, bevor er wieder zu Thin Lizzy wechselte, diesmal anstelle von Brain Robertson.

Nachdem er 1979 Thin Lizzy schließlich verlassen hatte, begann Moore eine erfolgreiche Solokarriere und produzierte mit Hilfe von Phil Lynott einen seiner unvergesslichsten Songs, Parisienne Walkways. In den 1980er Jahren produzierte Moore hauptsächlich Hard Rock Alben, bei denen sein feuriger und dynamischer Gitarrenstil stark im Vordergrund stand. 1990 änderte er die musikalische Richtung erheblich, um eine Reihe erfolgreicher Blues-Alben zu produzieren, die mit Still Got The Blues (1990) begannen, und arbeitete mit vielen bekannten Blues-Künstlern zusammen. Später kehrte er zu mehr Mainstream-Rock zurück, aber 2001 wieder zu mehr Blues-basiertem Material.

Moore war immer noch aktiv im Studio und auf der Bühne, als er 2011 im Alter von 58 Jahren tragischerweise an einem Herzinfarkt starb. Er bleibt einer der besten Blues/Rock-Gitarristen, die je gelebt haben, und sein Spielstil und seine Herangehensweise sind Maßstäbe für viele derzeitige Größen.

Gary Moore besaß eine beeindruckende Technik auf dem Instrument und war in der Lage, bei Bedarf schnelles Picking und Legato-Passagen durchzuführen. Ausgehend von Pentatonik, Blues und modalen Tonleitern in seinem Spiel, war er ebenso erfahren in Rock, Blues, Fusion und sogar einigen Jazz-Gitarren-Stilen. Wie viele Gitarristen mit Blues-Hintergrund hatte Moore ein hochentwickeltes Vibrato der linken Hand und war besonders geschickt im Saiten-Ziehen. Moore verwendete viele Techniken, die heute auf der Rockgitarre üblich sind, wie Tapping, Sweep-Picking und schnelle Legato-Sequenzen.

Am häufigsten mit der Gibson Les Paul Gitarre in Verbindung gebracht, spielte Moore auch an mehreren Stellen seiner Karriere eine Fender Stratocaster (und auch einige Ibanez Gitarren), aber es ist die Les Paul, die als sein Hauptinstrument überlebt hat. Lange Zeit verwendete er eine 1959er Les Paul Standard, die (von Peter Green gekauft) für ihre unverwechselbare, phasenverschobene Pickup-Konfiguration bekannt war. Diese Gitarre wurde auf vielen der berühmtesten Aufnahmen von Moore (und Green) verwendet. Durch die Nutzung der natürlichen Klangqualitäten der Gibson konnte er einen vollen, sustainreichen Ton erzeugen, der für ihn zu einem Markenzeichen wurde.

Lange Zeit mit Marshall-Verstärkern assoziiert, war Gary Moores Sound rau und stark übersteuert, behielt aber auch bei hoher Lautstärke große Klarheit. Er verwendete sowohl Kofferverstärker als auch Verstärkertürme, letztere besonders für seine Live-Auftritte.

Obwohl er kleine Pedalboards benutzte, war sein Sound im Allgemeinen frei von vordergründigen Effekten, außer dem gelegentlichen Einsatz von Delay- und Wah-Wah-Pedalen. Die meisten seiner charakteristischen Töne wurden aus seinen Gitarren und Verstärkern erzeugt.

Hörempfehlung

Thin Lizzy – Black Rose

Solo – Back on the Streets

Solo – Still Got The Blues

Solo – Corridors of Power

Dieser erste Gary Moore-Lick ist technisch nicht besonders anspruchsvoll, hat aber einige ausgeprägte 1/8- und 1/16-Notenkombinationen, die du genau spielen musst. Es gibt auch eine Positionsverschiebung in Takt Zwei, bei der du schnell von der 10. auf die 5. Position nach unten wechseln musst. Beachte die Verwendung von zwei Tremoloarm-Dips im Jeff Beck-Stil im vorletzten Takt.

Beispiel 19a:

Gary Moore war ein Meister des Spiels in hohen Lagen und der nächste Lick verdeutlicht diesen Ansatz. Spiele den kombinierten Triolen-Hammer-On und Pull-Off im Takt Zwei (17. und 18. Bund) mit dem ersten und zweiten Finger, dann greife den letzten Bend am 20. Bund mit dem dritten Finger, der von deinem zweiten unterstützt wird, und füge das entsprechende Vibrato hinzu.

Beispiel 19b:

Der nächste Lick fügt 1/16tel Noten-Triolen in die Einzelnotenläufe ein. Ab der 10. Position beginnt die Folge mit einer Hammer-On und Pull-Off-Triole zwischen dem 12. und 13. Bund auf der hohen E-Saite. Dieses Muster wird dann auf Zählzeit 3 zwischen dem 10. und 12. Bund auf der G-Saite wiederholt. Eine weitere Triole wird auf Zählzeit 1 von Takt Zwei gespielt, bevor die Linie mit einem Oktavsprung zum 12. Bund auf der D-Saite endet.

Beispiel 19c:

Das nächste Beispiel ist eine schnelle 1/16-Triolenfigur aus der D-Moll-Pentatonik, die sich sequentiell über das Griffbrett in Gruppen von jeweils drei benachbarten Saiten bewegt. Gary Moore hatte eine außergewöhnliche Picking-Technik, also übe diese Ideen langsam mit einem Metronom, bevor du die Geschwindigkeit erhöhst. Die Linie endet mit einem Ganzton-Bend mit einer Pinch Harmonic auf dem 10. Bund der G-Saite.

Beispiel 19d:

Der letzte Gary Moore-Lick zeigt Skalensequenzen, die mit schnellem Auf- und Abschlag gespielt werden. Hier ist die Tonleiter ein äolischer Modus, der in Mustern von 1/16tel-Noten gespielt wird. Beachte die Betonungen auf jedem vierten Ton; diese helfen wirklich, die Dinge im Takt zu halten.

Beispiel 19e:

Tom Scholz

Donald Thomas Scholz wurde 1947 in Ohio, USA, geboren. In einer wohlhabenden Familie aufgewachsen, studierte Scholz als Kind klassisches Klavier und später Maschinenbau, bevor er seine musikalische Karriere begann. Er erwarb sowohl einen Bachelor- als auch einen Master-Abschluss am MIT in Boston und arbeitete später für Polaroid als Senior Product Designer.

Während er für Polaroid arbeitete, begann er im Keller seines Hauses in Boston zu komponieren und Demos aufzunehmen, was schließlich die Aufmerksamkeit von Epic Records auf sich zog. Anschließend nahmen sie Scholz und den Sänger Brad Delp unter Vertrag. Trotz Scholz' Fähigkeiten in der Musikproduktion und im Studio-Engineering wollte Epic, dass die Demos von Scholz in einem regulären Studio neu aufgenommen werden. Er glaubte jedoch, dass seine Demos bereits von ausreichender Qualität waren, um sie zu veröffentlichen.

1976 unter dem Bandnamen Boston veröffentlicht, war das erste Album von Scholz ein großer kommerzieller Erfolg und wurde zum meistverkauften Debütalbum aller Künstler. Die Kombination aus Scholz' stark bearbeiteten Gitarren und Brad Delps hochfliegendem Gesang, gepaart mit radiofreundlichen Tracks wie More Than a Feeling und Peace of Mind, hielt das Album 132 Wochen lang in den Charts. Als Fußnote sei gesagt, dass vieles von dem, was schließlich auf dem Album landete, tatsächlich in Scholz' Heimstudio aufgenommen wurde. Die Gruppe begann zu touren und wurde die erste Band in der Geschichte der populären Musik, die ihr Debütkonzert im Madison Square Garden gab.

Scholz und die Gruppe begannen mit der Arbeit an ihrem zweiten Album, das etwa zwei Jahre später veröffentlicht wurde. Allerdings war er angeblich unzufrieden damit und wollte, dass die Plattenfirma die Veröffentlichung hinausschob, bis er zufrieden war. Es wurde schließlich 1978 veröffentlicht und war zwar kommerziell erfolgreich, erzielte aber nicht das gleiche Umsatzniveau wie das Debüt. Nach diesem Album und der anschließenden Tournee kam es innerhalb der Gruppe zu Konflikten, die zu einigen Besetzungswechseln und Klagen gegen das Management der Band führten, was das Erscheinen ihres dritten Albums auf 1986 verschob.

In der Zwischenzeit gründete Scholz die Firma Scholz Research and Development, die verschiedene Verstärker, Pedale und Audiogeräte herstellte, vor allem die Rockman-Serie von Effektprozessoren. Das dritte Album der Band, Third Stage, wurde 1986 veröffentlicht und war ein großer kommerzieller Erfolg, erreichte Platz 1 in den Albumcharts und verkaufte sich über eine halbe Million Mal.

1990, nachdem Scholz seinen Rechtsstreit mit seinem früheren Manager und Plattenlabel gewonnen hatte, unterschrieb er einen Vertrag bei MCA Records und produzierte drei weitere Studioalben und die Greatest Hit Collection. Leider beging Brad Delp 2007 Selbstmord und die Band gab zu seinem Gedenken ein Tribute-Konzert. In den letzten Jahren war die Band wieder auf Tournee und feierte 2016 das 40-jährige Jubiläum ihres erfolgreichen Debütalbums.

Scholz' Gitarrenspiel war bereits vor der Veröffentlichung von Bostons Debütalbum gut entwickelt und sein Aufnahmestil zeichnet sich durch die Verwendung von mehrlagigen Gitarrenparts aus, um einen vollen und einprägsamen Klang zu erzeugen. Neben Pentatonik- und Blues-Tonleitern verwendet Scholz in seinen Soli auch modale Tonleitern mit großem Ausdruck, oft mit einem sehr breiten Vibrato. Sein Saiten-Bending ist sehr feinfühlig, besonders in hohen Lagen, wie man auf vielen der Boston Alben hören kann. Seine bekanntesten Aufnahmen zeigen vorrangig harmonisierte Leadgitarren, die zunächst im Studio im Overdub-Verfahren aufgenommen und live nachgeahmt wurden.

Scholz wird am häufigsten mit der Gibson Les Paul in Verbindung gebracht, hat aber auch gelegentlich eine Gibson ES-335 verwendet. Die Firma Gibson veröffentlichte eine Tom Scholz Edition Les Paul mit seiner bevorzugten Pickup-Konfiguration und einer unlackierten Korpusrückseite. Seine Gitarren werden in der Regel entweder über einen Verstärker seiner eigenen Marke oder ein Marshall Super Lead Topteil gespielt. Seine Verstärker liefern ihm den gesättigten, stark übersteuerten Sound, den er sowohl für Solo- als auch für Rhythmusgitarrenarbeit verwendet. Scholz' Firma produzierte auch eine Reihe von Effektpedalen, die er in den 1980er und 1990er Jahren beim Spielen mit Boston verwendete.

Hörempfehlung

Boston – Boston

Boston – Don't Look Back

Boston – Third Stage

Boston – Corporate America

Tom Scholz verfügt über eine große technische Kontrolle seiner Gitarre und dieser erste Lick zeigt seine unverwechselbare Beherrschung sowohl der Saiten-Bends als auch der Pinch Harmonics. Die einfache Melodielinie wird durch die Verwendung von clever platzierten Saiten-Bends und -Releases (Loslassens) und seinem markanten, breiten Vibrato hervorgehoben. Spiele die Bends am 13. Bund auf der B-Saite in Takt Eins mit dem dritten Finger und führe dann einen Pull-Off zum ersten Finger im 10. Bund auf Zählzeit 3 in Takt Zwei aus. Die letzten drei Noten des Licks werden am besten mit einzelnen Fingern gespielt, um sicherzustellen, dass jede Note klar definiert ist.

Beispiel 20a

Der zweite Scholz-Lick beginnt knapp zu früh, kurz vor der 1. Zählzeit von Takt Eins. Er verwendet 1/16-Ton-Triolen am Anfang des Licks, die am besten mit dem dritten und vierten Finger gegriffen werden. Verwende deinen dritten Finger, um den Ganzton-Bend im nächsten Takt zu spielen. Die Saiten-Bends von Scholz sind sehr präzise, also überprüfe unbedingt deine Intonation.

Beispiel 20b:

Der nächste Lick zeigt eine weitere populäre Arbeitsweise in Tom Scholz' Spiel: die Verwendung von schnellen 1/16-Trillern, die über Hammer-Ons von einer offenen Saite aus gespielt werden. Übe diese Triller langsam und für sich, bis du sie sich wiederholend und zeitgleich mit dem Track spielen kannst. Die Linie setzt sich mit einigen Halbton-Saiten-Bends in Takt Vier fort, bevor sie in zwei Ganzton-Bends übergeht, die mit dem dritten Finger gespielt werden sollten, wobei Vibrato hinzugefügt wird, um den Tönen Sustain zu verleihen.

Beispiel 20c:

Im nächsten Lick kommen einige typische klassische Rock-Moves zum Einsatz, beginnend mit einem G-Dur-Pentatonik-Lauf. Dieser Lick weist mehrere Saiten-Bends in den ersten beiden Takten auf, also solltest du diese langsam üben. Achte auf den Wechsel auf 1/16 Noten in Takt Zwei und sieh zu, dass die Phrasierung nicht zu schnell erfolgt. Spiele alle Slides, wie in den Takten Drei und Vier angegeben, da sie ein integraler Bestandteil von Scholz' Herangehensweise sind und wirklich dazu beitragen, dass seine Linien lebendig werden.

Beispiel 20d:

Ein dramatischer Pick-Slide (hier: auf ungegriffener E-Saite mit dem Plektrum von oben nach unten ziehen) führt uns zum letzten Lick ein, bevor ein Bend in hoher Lage am 17. Bund auf der hohen E-Saite stattfindet. Spiele diesen Bend mit dem dritten Finger und, während die Saite nach oben gezogen wird, verwende schnell deinen vierten, um die darüberliegende Note zu spielen. Achte wieder auf den schnellen Slide im vorletzten Takt (Zählzeit 4), bevor du den Lick mit dem ersten Finger auf der G-Saite auf dem 12. Bund beendest. Füge das breite Vibrato hinzu, wie in der Notation angegeben.

Beispiel 20e:

90

Komplette Solos

In diesem Abschnitt haben wir einige der 100 Licks zu kompletten, musikalischen Soli zusammengefasst, damit du sie lernen kannst. Dies ist eine wichtige Phase in deiner musikalischen Entwicklung, denn zu Lernen, das Vokabular anzuwenden ist der größte Schritt zum Verinnerlichen und Aneignen der Musik.

Die folgenden Soli lehren dich das Anwenden, Entwickeln, Transponieren und Improvisieren der Licks, die du gelernt hast. Auf diese Weise bist du später einer musikalischen Sprache mächtig, die nur für dich gilt. Wenn du übst, diese Licks zu kombinieren, werden sie schnell miteinander verschmelzen, um neue, originelle Phrasen zu schaffen. Dies ist eigentlich dein Endziel als Solist, um spontan originelle improvisierte Musik zu kreieren, die aus einem tiefen Verständnis der authentischen Sprache des Stils entsteht.

Und noch einmal werden wir uns auf die Phasen des Spracherwerbs zurückbesinnen. Früher musstest du dich bemühen, jedes Wort zu lesen und auszusprechen, was jetzt ganz selbstverständlich ist. Man musste sorgfältig Sätze aus ihren Bestandteilen konstruieren, um Sinn zu schaffen. Jetzt aber sprichst du einfach. Der voll formulierte Satz kommt einfach aus dem Mund, direkt aus dem Gehirn, weil du ein wesentliches Verständnis und Gefühl für deine Sprache hast.

Genau so entwickelt sich deine musikalische Sprache. Sobald du die Komponenten (Noten, Rhythmen und Licks) gelernt hast, fängst du an, sie frei zu kombinieren, um eine eigene Sprache zu erstellen. So wie du ein Wort gelernt hast, indem du zuerst zu einem Lehrer gesprochen und es dann in einem anderen Kontext im Gespräch mit einem Freund angewendet hast, so ist es mit der Musik. Es gibt keinen Grund, warum ein Angus Young-Lick nicht fantastisch in einem Carlos Santana-Solo klingt. Natürlich möchtest du die Rhythmen an den Track anpassen, aber das ist es, was wir jeden Tag in unserer eigenen Sprache tun, ohne es zu merken.

Betrachte die folgenden Soli als Ausgangspunkt. Sie kombinieren eine kleine Anzahl von Licks zu sinnvollen Musikstücken, aber es gibt keinen Grund, dort aufzuhören. Wir haben 100 Licks und 20 Backing-Tracks in diesem Buch, also warum nicht deinen Lieblingslick über jedem einzelnen spielen? Du wirst natürlich die Rhythmen und Phrasierungen an den neuen Backing-Track anpassen müssen, und das wird dich lehren, musikalischer und kreativer zu sein. Außerdem wirst du dir die Licks auf eine Weise tief ins Gedächtnis graben, die du nie für möglich gehalten hättest. Wenn du unbewusst einen Lick ändern kannst, um in verschiedenen Stilen zu arbeiten, dann ist es deins.; ein Stück deines eigenen Vokabulars, das du nie vergessen wirst.

Transponieren von Licks

Fast jeder andere Instrumentalist muss eine Phrase neu greifen und lernen, sie in einer anderen Tonart zu spielen. Allerdings haben Gitarristen Glück, wenn es darum geht, Licks, Akkorde und Tonleitern zu transponieren. Wir können Phrasen einfach überall auf dem Griffbrett in verschiedene Tonarten bewegen und die Griffweise identisch halten.

Zum Beispiel wird der folgende Jimmy Page-Lick in der Tonart A in Beispiel 1e dargestellt:

Das erste Solo liegt jedoch in der Tonart E.

Kannst du sehen, dass der obige Lick identisch (mit einer winzigen rhythmischen Variation) in den Takten Eins und Zwei des Solos gespielt wird?

Die Transponierung dieses Licks von A nach E ist ziemlich einfach. Du musst zuerst wissen, dass dieser Lick in der Tonart A geschrieben ist und dass die Note A am 5. Bund auf der tiefen E-Saite gespielt wird. Es hilft, wenn du den obigen Lick sehen kannst, der auf der A-Moll-Pentatonik-Tonleiter basiert.

Leg deinen ersten Finger auf die Note A und spiele dann den obigen Lick.

Als nächstes musst du wissen, in welcher Tonart du den Lick spielen willst. In diesem Fall befindet sich der Backing-Track in der Tonart E.

Verschiebe deinen ersten Finger bis zur Note E (12. Bund auf der tiefen E-Saite).

Spiele nun die gleiche Sequenz von Noten in der neuen Position, und der Lick ist nun in der Tonart E. Wenn du dich über diesen Prozess nicht sicher bist, vergleiche den obigen Lick sorgfältig mit den ersten beiden Takten des Solos unten.

Dieser Vorgang funktioniert für jeden Lick, und es ist wichtig, die Fähigkeit zu entwickeln, deine Licks schnell auf jede Tonart zu übertragen. Das Geheimnis ist, zu erfahren, wo sich alle Noten auf dem Griffbrett befinden und mein Buch **Lerne dein Griffbrett kennen** lehrt einen schnellen und einfachen Weg, dies zu tun.

Rhythmus ändern

Der Rhythmus einer Phrase wird nie in Stein gemeißelt und solange du weiterhin im Takt spielst, wirst du Gefallen daran finden, irgendwelche Noten in der Melodie länger oder kürzer zu halten. Manchmal möchtest du vielleicht einen schnellen Lick mit halber Geschwindigkeit spielen, um einer neuen Begleitung anzupassen, oder einen langsamen Lick doppelt so schnell durchführen. du kannst sogar binäre Phrasen nehmen und sie als Triolen spielen und umgekehrt.

Eine gängige Herangehensweise ist es, nur ein oder zwei Noten in einer Phrase zu verlängern (oder zu verkürzen), und diese neue Phrasierung wird dich auf verschiedene kreative Wege führen, wenn du anfängst zu improvisieren.

Es gibt hier keine Grundregeln, also experimentiere so viel wie möglich. Das Ändern von Rhythmen oder das Verlangsamen ganzer Phrasen ermöglicht es dir, fast jeden Lick in fast jeder Situation zu spielen. Auch hier handelt es sich um die Art von Praxis, die die Phrasen wirklich zu deinen eigenen als Musiker machen. Es ist eine äußerst lohnende Vorgehensweise im Übungsraum mit verschiedenen Backing-Tracks und bei Jam-Sessions mit einer Band.

Solo Eins

Das erste Solo beinhaltet zwei der im Buch vorgestellten Licks und zeigt, wie man sie effektiv nutzen kann, um sein eigenes Rock-Vokabular aufzubauen. Es wird über den Angus Young Style Backing-Track in der Tonart E gespielt.

In Takt Eins wird ein Jimmy Page-Lick (Beispiel 1e), der ursprünglich in A-Moll stand, in E-Moll transponiert, um zur Tonart des Backing-Tracks zu passen. Die Griffweise ist bei der neuen Tonart fast identisch, aber der Rhythmus ist in Bezug auf Wirkung und Vielfalt sehr leicht modifiziert.

Kleine rhythmische Änderungen wie diese vorzunehmen, hilft, die Licks an deinen eigenen Spielstil anzupassen, und du solltest mit solchen Ideen experimentieren, wenn du dir die ursprüngliche Phrase eingeprägt hast. Die meisten Gitarristen entwickeln ihren eigenen Stil mit dieser Art von adaptivem Ansatz.

In Takt Sieben wird ein Gary Moore-Lick (Beispiel 19d) mit halbem Tempo des Original-Licks gespielt (die 1/16-Triolen werden zu 1/8-Triolen). Das Ändern rhythmischer Werte innerhalb eines bestehenden Licks kann auch dazu beitragen, einen Lick zu deinem eigenen zu machen.

Um die Licks in dein Spiel zu integrieren, versuche um diejenigen, die du bereits gelernt hast, herum zu improvisieren. Du wirst diese Herangehensweise in beiden Soli sehen. In diesem Solo wurden die Takte Drei, Vier, Fünf und Sechs improvisiert (nach dem transponierten Jimmy Page-Lick) und die Takte Sieben und Acht verwenden dann den Gary Moore-Lick mit halber Geschwindigkeit.

Die letzten drei Takte wurden noch einmal improvisiert.

Beispiel 21a:

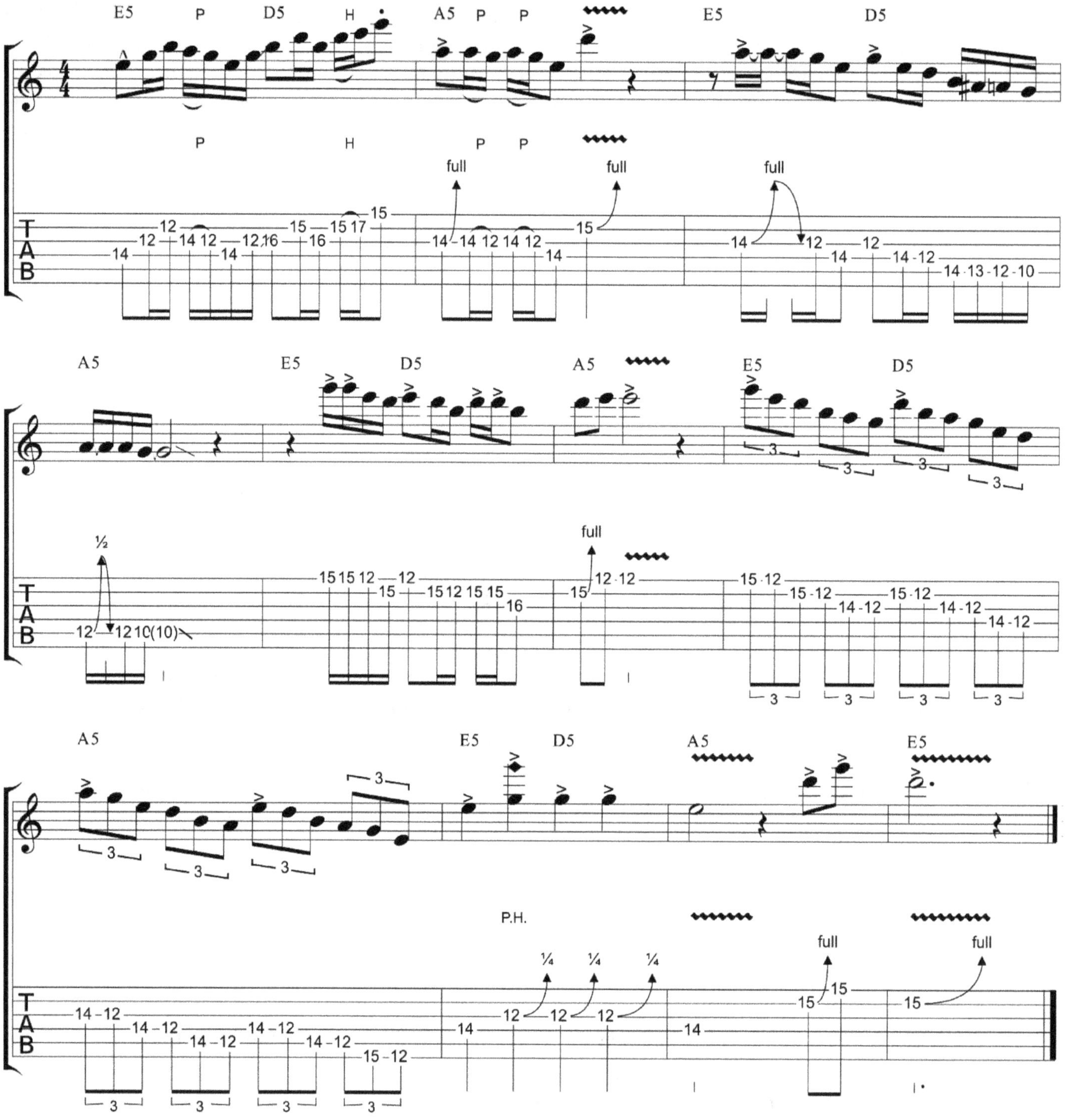

Solo Zwei

Dieses Solo wird über dem Gary Moore Backing-Track gespielt.

Im zweiten Solo wurden zwei Licks eingebaut. In Takt Eins wird ein Peter Green Lick (Beispiel 18e) um einen Ganzton (2 Bünde) von der Original Tonart E-Moll auf den D-Moll Backing-Track transponiert. Alle Griffbilder bleiben gleich wie beim ursprünglichen Lick.

Später, in Takt Acht, wird ein Ritchie Blackmore-Lick (Beispiel 9a) gespielt, um dem Solo etwas Abwechslung zu verleihen. Dieser Lick ist rhythmisch sehr leicht modifiziert, um ihn besser dem Track anzupassen. Alle anderen Takte waren improvisiert und haben sich aus den beiden vorherigen Licks aufgebaut.

Denke daran, auch wenn die ursprünglichen Licks schneller oder langsamer gelernt wurden, als du sie später spielst, funktionieren sie alle, um das Fundament für unbegrenzte eigene Soli zu schaffen.

Fast alle im Buch vorgestellten Gitarristen lernten das Solieren durch Kopieren anderer Gitarristen, und sie passten ihre Licks dann sowohl rhythmisch als auch melodisch an ihren eigenen Spielstil an.

Beispiel 21b:

Dm
Dm
Dm
C/D
P
full
full
full
T
A
B
Dm
C/D
Dm
C/D
Dm
C/D
P
full
full
full
full
Bb
C/Bb
Bb
C/Bb
Dm
C/D
Dm
P

Schluss und weitere Buchempfehlung

Nun, wir haben es geschafft! 100 fantastische Licks im Stil der bekanntesten Classic Rock-Gitarristen der Welt. Wir hoffen, dass dir die Reise gefallen hat und du dich für die nächsten Jahre mit diesem Buch beschäftigen kannst.

Wie wir in der Einleitung erwähnt haben, wirst du das Beste aus diesem Buch herausholen, indem du jeden Lick zu deinem eigenen machst. Es ist zwar schön, den Stil der Musiker zu kopieren, die du magst, aber du wirst erst wirklich davon profitieren, wenn du wie oben vorgehst.

Experimentiere, indem du den Rhythmus, die Phrasierung, die Artikulation und die Geschwindigkeit jeder Phrase änderst und sie an deine eigene Persönlichkeit anpasst. So entwickelt sich die Sprache und so erschaffst du deine eigene Stimme auf dem Instrument. Ein einziger Lick kann dir stundenlang kreatives Vergnügen im Übungsraum bereiten.

Die beste Vorgehensweise ist es, diese Licks mit jammenden Mitspielern entweder live oder in einem Proberaum zum Besten zu geben. Die Gitarre fühlt sich ganz anders an, wenn man sich aus der Komfortzone seiner Backing-Tracks entfernt.

Eine Anmerkung von Joseph:

Ich bin stolz darauf, dass Fundamental Changes inzwischen 70 Gitarrenmethoden veröffentlicht hat, und einige dieser Titel werden dir helfen, deine eigene Sprache zu entwickeln und zu personalisieren.

Mein Buch **Blues-Gitarre: Melodische Phrasierung** wirft einen detaillierten Blick darauf, wie man das musikalische Gefühl erlernen kann. Ich fragte einmal einen Lehrer, wie ein berühmter Gitarrist so spielte, wie er es tat. Er sagte mir: „Er fühlt es einfach". Nun, vielleicht war das wahr, aber es half mir nicht weiter. Ich machte mich daran, das musikalische Gefühl in eine präzise Reihe von Ideen und Fähigkeiten zu zerlegen, und diese Studie führte zu **Blues-Gitarre: Melodische Phrasierung**. Alles darin ist auch auf die Rockgitarre anwendbar.

Einige der theoretischen Ideen in diesem Buch können für dich neu sein. Ich versuche, die Theorie auf ein Minimum zu reduzieren und mich auf die Musik zu konzentrieren. Zwei Bücher, die ich geschrieben habe, um die praktische Anwendung der Theorie zu erklären, sind **Gitarrenskalen im Kontext** und **Moderne Musiktheorie für Gitarristen.**

Beide Bücher sind äußerst praxisorientiert und helfen wirklich bei der täglichen, musikalischen Anwendung der Theorie.

Wenn du auf eine solide technische Entwicklung aus bist, ist Simon Pratts Buch **Gitarren Finger Gym** ein großartiger Leitfaden für die meisten Aspekte der Gitarrentechnik und mein Buch **Moderne Technik für E-Gitarre** ist ebenfalls ein guter Begleiter.

Vor allem aber viel Spaß beim Lernen der Musik, die du liebst. Wenn du nicht lächelst, machst du etwas falsch!

www.ingramcontent.com/pod-product-compliance
Lightning Source LLC
Chambersburg PA
CBHW081433090426

42740CB00017B/3288